티베트 스님의
노 프라블럼

NO SELF NO PROBLEM
by Anam Thubten

Original Copyright © 2009 Anam Thubten
This original edition was published in English by Snow Lion Publications.
Korean translation Copyright © 2012 The Forest of Literature, an imprint of God's Win Publisher's, Inc.
Korean edition was published by arrangement with Snow Lion Publications, USA through Best Literary & Rights Agency, Korea.
All rights reserved.

이 책의 한국어판 저작권은 베스트 에이전시를 통한
원저작권자와의 독점계약으로 문학의숲이 소유합니다.
신저작권법에 의하여 한국 내에서 보호를 받는 저작물이므로
무단전재와 무단복제를 금합니다.

Photographs © Phil Borges

티베트 스님의 **노 프라블럼** 아남 툽텐 _ 임희근 옮김

하늘은 자유롭다
바다는 행복하다
나무는 신성하다
바위는 깨달았다
우리도 그러하다
누가 아직도 찾고 있는가
무엇을?

차례

한국 독자들에게 8

1
지금 이대로의 완전함 10

2
쉬는 법 20

3
모든 것에 만족하는 사람 36

4
알아차림 51

5
나를 내려놓으면 문제도 없다 66

6
받아들임의 문제 86

7
참본성과 하나 되기 106

8
환상이 세상을 지어낸다 120

9
우리는 올바른 길을 가고 있는가 133

10
뛰어넘어야 할 것은 오직 생각 150

11
모든 한계를 넘어서 가기 166

12
아무것도 할 것이 없다 182

엮은이의 말 197

옮긴이의 말 199

한국 독자들에게

몇 해 전 미국에서 저의 모국 티베트로 가는 길에 한국의 인천공항에 잠시 기착한 적이 있습니다. 그곳은 매우 현대적이고 새로운 공항이었습니다. '공항 저편에는 한국의 풍요로운 역사가 펼쳐지고 많은 사찰과 수행처가 있겠지.' 하는 생각이 들었습니다. 공항 밖으로 나가 직접 이 땅의 정신을 느끼고 한국 사람들을 만나 볼 수 있다면 얼마나 좋을까 생각했습니다. 한국은 불교 수행과 명상 전통이 생생하고 활발하게 이어지고 있는 나라라고 친구들로부터 들었습니다.

이 책은 불교의 가르침을 토대로 했지만, 특정 종파에 국한되는 내용이 아니라서 누구라도 쉽게 이해하고 삶 속에 체화할 수 있습니다. 여기에 담긴 것은 삶의 수승한 의미를 찾겠다는 열정을 품고 승려이자 법사로 살아가는 저의 체험에서 나온 이야기입니다. 이 책을 읽고 크게 도움 받았다는 분들이 많습니다. 한국의 독자들께도 도움이 되기를 진심으로 바랍니다.

    이 책의 주제는 붓다의 핵심 메시지 중 하나인 '무아'의 가르침입니다. 무아는 '공'이자 '하나임(Oneness, 不二)'입니다. 무아는 철학이 아닙니다. 만약 무아를 철학으로서 접근한다면 일상생활에서 체험하는 모든 것과 모순되어 사사건건 부딪칠 것입니다. 일상에서 마주치는 모든 것들은 '자아가 있다'는 사실을 강조합니다. 하지만 명상을 통해 다른 차원의 마음 상태로 갈 수 있다면 그때 무아는 매우 풍요로운 체험이 되어 우리가 만물과 하나이며 무한하다는 것을 느끼게 해 줄 것입니다. 이런 통찰을 통해 우리는 지혜와 자비가 이끄는 삶을 살 수 있습니다.

    독자 여러분께서 부디 이 책에서 '무아'의 참뜻을 직접 체험하기를 마음 깊이 발원합니다.

아남 툽텐

1
지금 이대로의 완전함

진실을 깨닫지 못하는 단 하나의 이유는 그것이 너무도 단순하기 때문이다.
갓난아기의 얼굴이나 뜰에 아름답게 피어나는 꽃송이를 들여다보라.
그곳에 존재하는 것은 순수의식뿐이다. 그것이 우리의 본모습이다.
우리의 참본성은 있는 그대로 완전하고 신성하게 존재한다.

우리는 살과 뼈와 그 밖의 여러 요소로 이루어진 몸을 우리 자신이라고 생각합니다. 그렇기 때문에 스스로를 구체적인 실체를 가진 물질적 존재라고 믿습니다. 이런 방식으로 이해하는 것이 믿음 속에 깊이 뿌리박혀 있기에 이것을 의심해 볼 생각조차 하지 않습니다. 잘못된 믿음은 대가를 치르게 마련입니다. 육체적인 몸이 자기 자신이라고 믿으니 늙고 병들고 죽는 인간 조건에 얽매일 수밖에 없습니다.

이런 믿음은 한 개인에만 해당하는 이야기가 아닙니다. 세상의 집단적인 태도 역시 그러하며 수 세대에 걸쳐 그런 식으로 진행되어 왔습니다. 몸이 곧 자신이라는 생각이 마음속에 이토록 강하게 뿌리내리고 있는 것은 그 때문입니다. 모두의 평범하고 일상적인 인식은 이처럼 잘못된 판단의 지배를 받고 있으며 우리가 사용하는 언어들은 그 잘못된 인식을 심화합니다.

생의 아주 초기부터 우리는 몸이 자기 자신이라는 관념에 길들여집니다. 사람들은 아이를 보면 말합니다. "너 참 잘생겼구나." "머릿결도 좋네." "저 아이 눈 좀 봐. 정말 귀여워." 이런 말이 잘못된 정체성의 씨앗을 뿌리는 것입니다. 물론 칭찬은 좋은 일입니다. 나무라는 것보다야 훨씬 낫습니다. 하지만 칭찬 역시 잘못된 관념입니다. 이것이 진실입니다. 어떤 특성을 갖고 있든 아이는 태어나는 순간부터 본래 아름답습니다. 우리 모두 아름답습니다.

우리는 자신의 참된 정체성과 단절되어 있습니다. 이 잘못된 인식은 생활의 모든 면에서 굳어집니다. 누구나 완벽한 육체를 갖기 원하고 다른 사람에게도 그 기준을 요구합니다. 서점에 진열된 잡지에는 완벽한 외모를 갖춘 젊은 남녀의 사진이 가득합니다. 이런 메시지에 저항하기란 힘든 일입니다. 세상 어디를 가나 곳곳에서 이런 메시지를 만날 수 있으며 잘못된 정체성은 더욱 굳어집니다. 몸이 자신의 실체라는 생각을 고착화하는 것입니다. 이상적이고 완벽한 기준을 설정하는 것이 이 시대의 추세인 까닭에 많은 사람이 자만심, 자아도취, 오만, 수치심, 죄책감, 자기혐오 등으로 고통 받습니다. 완벽한 기준에 이를 수 있는 능력 혹은 그것에 미치지 못하는 무능력에 마음 상태가 좌우되기 때문입니다.

그런 기준들 때문에 매일 아침 거울을 볼 때에도 우리의 마음속에는 자신과 다른 사람을 판단하는 목소리가 끊임없이 들려옵니다. 여러분도 그런 목소리를 들어 본 적이 있을 것입니다. 우리 마음은 항상 이런 식으로 판단합니다. '이런! 주름살이 하나 더 늘었네.' '저 여자는 너무 뚱뚱해.' '저 남자는 이상하게 생겼어.' '그 여자는 참 예뻐.' '그 사람 잘생겼어.'

이런 판단은 우리의 영혼에 걸림돌이 될 뿐만 아니라 의식에 부정적인 구름을 드리우며 이원론의 감옥에 우리를 가둡니다.

하지만 고민할 필요는 없습니다. 순간순간 이런 식으로 몸을 판단하는 일을 뛰어넘을 수 있습니다. 이 판단들을 내려놓을 때 모든 이가 오직 하나뿐인 존재이므로 존귀하다는 사실을 인정하게 됩니다. 나 중심의 마음은 항상 스스로를 타인과 비교합니다. 자신이 별도의 실체이며 몸을 기준으로 자신과 타인이 구분된다고 믿기 때문입니다.

우리는 물질적인 존재가 아닙니다. 결국은 부서질 책상과 같은 존재가 아닙니다. 진정한 본성은 소멸과 덧없음을 넘어서 있습니다. 그렇습니다. 몸은 영속하지 않지만 진정한 본성은 나고 죽음이 없습니다. 진정한 본성은 생멸이 없고 신성하며 모든 불완전함을 넘어섭니다. 그렇기 때문에 우리는 모두 동등하고 모두 하나입니다. 어느 누구도 다른 사람보다 더 낫다거나 못하다고 할 수 없습니다. 자신의 참본성을 밖으로 드러내는 사람은 사랑, 친절, 기쁨으로 살아갑니다. 그런 사람은 남에게 고통을 덜 줍니다. 명상을 하면서 머지않아 이러한 사실이 단지 추상적 이론만이 아님을 알게 될 것입니다. 이는 진실이며 현실입니다.

몸이 진정한 본성이 아니라면 무엇이 참본성일까요? 참본성을 표현하는 말에는 여러 가지가 있습니다. 가장 간단한 말이 불교에서 말하는 '불성'입니다. 불성은 '우리가 이미 깨달은 존재'라는 것입니다. 우리는 지금 이대로 완전합니다. 이를 인식할 때 우리는 완전하며, 설령 이를 알지 못한다 해도 역시 완전합니다. 우리의 참본성은 나고 죽음을 넘어서 있습니다. 그 본성은 병들 수가 없습니다. 늙지도 않습니다. 마치 하늘처럼 모든 조건을 넘어서 있습니다. 이것은 이론이 아닙니다. 이것은 진실이며 깨달은 상태에서만 알아차릴 수 있습니다. 그런데 놀라운 것은 우리 모두가 이 깨달은 마음 상태에 도달할 수 있다는 사실입니다.

그러한 깨달음이 일어날 때, 나 아닌 다른 사람이 되길 바라는 마음은 더 이상 존재하지 않습니다. 내가 누구라는 이전의 생각은 사라지고 몸과 결부된 고통, 죄의식, 자부심도 따라서 사라집니다. 불교에서는 이를 '무아'라 이릅니다. 이것이 유일하게 참된 깨달음입니다. 그 밖의 것은 정신적 회피 수단에 불과합니다. 이러한 깨달음이야말로 우리가 구도의 길을 갈 때 처음부터 목표로 삼아야 하는 것입니다.

마음을 활짝 열고 이전의 자아를 버릴 준비가 되면 깨달음은 어느 순간에든 일어납니다. 이에 대한 아름다운 비유가 있습니다. 백만 년 동안 빛이 들어온 적 없는 캄캄한 동굴을 상상해 봅시다. 그 동굴에 어느 날 누군가가 초 하나를 가지고 들어옵니다.

촛불이 켜지는 순간 백만 년 묵은 어둠은 사라집니다. 마찬가지로 참본성을 깨닫는 순간 더 이상 그 밖의 어떤 것을 찾아 헤매는 '나'는 없습니다. 깨달음은 우리의 배경과 아무 상관이 없습니다. 얼마나 오랫동안 명상을 해 왔는가 위대한 스승을 만났는가와도 관계가 없습니다. 단지 그 깨달음에 열려 있는가 아닌가에 달려 있을 뿐입니다.

이러한 열림과 받아들임은 우리가 관념과 분별로 자신을 무장시키는 일에 얼마나 저항할 수 있는가와 관련이 있습니다. 진정한 구도의 길이란 관념과 믿음 체계를 뛰어넘는 일입니다. 진정한 구도의 길은 나를 하나의 독립된 실체라고 보는 마음의 환상을 강화하는 일이 아닙니다. 불교도가 되는 것도 아니고 성자가 되는 것도 아니며 좀 더 나은 인간이 되는 것도 아닙니다. 우리의 모든 환상을 가차 없이 깨부수는 일입니다.

마음을 들여다보고, 우리가 무엇을 찾고 있으며 무엇을 추구하고 있는지 아는 것이 중요합니다. 특히 어떤 정신적 가르침을 받아들이려 할 때에는 이 일이 꼭 필요합니다. 어쩌면 마음은 편안함, 확인, 정신적 황홀경 혹은 새로운 믿음 체계를 찾고 있는지도 모릅니다. 때로 우리의 자아는 이처럼 고정된 '나'가 없다는 사실을 깨달은 양 확신합니다. 동시에 성스러운 사람이 되거나 영적인 사람이 되려고 애쓰는 등, 또 다른 관념에 붙잡힙니다. 자신에 대한 집착을 넘어서려고 노력하면서 성스럽다거나 영적이라는 관념에 사로잡혀 있다면 이것은 매우 미묘한 문제입니다.

어쩌면 이런 이야기가 너무 어려워서 도저히 넘지 못할 태산 같은 과업처럼 보일 수도 있습니다. 그러나 한 가지 비밀만 찾아내면 이 일은 그리 어렵지 않습니다. 그 비밀이란 무엇인가요? 이 '나'란 허구적 실체이며 우리가 강화하지만 않으면 저절로 스러져 버린다는 사실입니다. 이를 체험하기 위해 굳이 거룩한 장소에까지 갈 필요가 없습니다. 그저 그 자리에 가만히 앉아 호흡에 주의를 집중하고 모든 망상과 마음속에 떠오르는 영상을 흘려보내면 됩니다.

휴식하면서 호흡에 주의를 집중하면 모든 것이 명확하게 보이기 시작합니다. '나'에는 어떤 근거도 견고함도 없다는 것이 보입니다. '나'란 순전히 마음이 지어낸 것입니다. 또한 우리가 삶에 관해 진실이라 믿는 모든 것이 그저 잘못된 분별 작용에 의해 만들어진 이야기일 뿐임을 깨닫게 됩니다. '나는 한국인이다.' '나는 서른 살이다.' '나는 교사다.' '나는 택시 기사다.' '나는 변호사다.' '나는 무엇무엇이다.' 이런 생각이나 정체성들은 모두 우리의 참본성의 영역에서는 진짜로 일어난 적이 한 번도 없는 이야기에 불과합니다. 잘못된 정체성이란 한 번도 진짜가 아니었던 것입니다.

이렇게 해 봅시다. 가만히 자신의 호흡에 주의를 집중합니다. 마음을 주시합니다. 그러면 즉시 생각들이 튀어 오르는 것이 보일 것입니다. 그런 것에 반응하지 마십시오. 그저 마음을 지켜보십시오. 생각과 생각 사이에 단절된 틈이 있음에 유념하십시오.

지난 생각이 끝나고 다음 생각이 아직 일어나기 전인 그 자리에 텅 빈 공간이 있음을 보십시오. 그 여백에 '나'란 없습니다. 바로 이것입니다.

진실을 깨닫기란 믿기지 않을 만큼 단순할지도 모릅니다. 티베트의 출가 수행자인 미팜 린포체(1846~1912 초기 티베트 불교의 원형을 계승한 닝마파의 탁월한 승려. 당대의 위대한 학자 중 한 사람으로 30여 권의 저서를 남겼음)는 우리가 진실을 깨닫지 못하는 단 하나의 이유는 그 진실이 너무도 단순하기 때문이라고 말했습니다. 주의 깊게 주변을 살펴보십시오. 우리가 생각하는 자아라는 것이 실재하지 않음을 증명해 줄 단서는 수백 수천 가지나 있습니다. 갓난아기의 얼굴이나 뜰에 아름답게 피어나는 꽃송이를 들여다보십시오. 모두 이 신비로운 깨달음을 향하고 있습니다. 문제가 생길 때마다 항상 이 단순한 물음을 적용해 보면 됩니다. 화가 나거나 실망할 때 이렇게만 물어보십시오. "화를 내거나 실망하는 그자가 누구인가?" 이 물음으로써 내적인 평정심이 어렵지 않게 드러날 수 있습니다.

삶의 이런저런 문제와 오랫동안 씨름하면서도 해결책을 찾지 못한 이들에 대한 여러 이야기가 있습니다. 한번은 그들이 앉아 명상에 들어 이렇게 물었습니다.

"문제와 씨름하는 자가 누구인가?"

애초부터 문제라고 할 만한 것이 없었음을 그들은 깨닫습니다. 도움이 되는 유일한 해답은 이것입니다. 그 밖의 것은 잠시 해탈한 듯한 가짜 느낌을 주는 임시 반창고일 뿐입니다. 잘못된 정체성의 껍질이 말끔히 벗겨지고 나면 더 이상 어떤 형태로든 예전의 모습은 없습니다. 남은 것은 순수의식뿐입니다. 그것이 우리의 본모습입니다. 그것이 우리의 진짜 정체성입니다. 우리의 참본성은 파괴될 수 없습니다. 아프든 건강하든, 가난하든 부유하든 참본성은 있는 그대로 완벽하고 신성하게 존재합니다. 우리가 참본성을 알아차리기만 하면 삶은 이전에 미처 상상도 못했던 방식으로 변화합니다. 삶의 진정한 의미를 깨닫게 됩니다. 무엇인가를 찾아 헤매는 일은 바로 이 자리에서 끝이 납니다.

많은 사람이 먼 미래에서 완벽한 삶을 찾으면서 막상 소중한 삶의 순간순간은 허비하며 정신적인 문제를 만들어 내고 있습니다. 매 순간이 완벽한 깨어남의 입구라는 사실을 명심해야 합니다. 참본성을 알아차리는 것이 우리 안에 있는 천국의 문을 여는 열쇠입니다. 천국이란 꽃과 음악이 넘치는 황홀한 나라일까요? 아닙니다. 천국은 우리의 원초적 순수의식, 모든 한계로부터 자유롭지만 무한성을 구현하는 순수의식입니다. 언젠가 자동차 범퍼에 붙은 스티커에 이렇게 쓰여 있는 것을 본 적이 있습니다. "나는 죽음에 앞서 삶을 믿는다." 나에게는 이 문구의 의미가 이렇게 다가옵니다. 미래의 어떤 천국을 따로 상상할 필요가 없다는 뜻으로. 천국은 바로 지금 여기에 우리가 이렇게 인간의 몸으로 사는 동안 펼쳐질 수 있습니다. 선택은 우리의 몫입니다.

2
쉬는 법

마음은 항상 무엇인가를 하느라 바쁘다.
마음은 언제나 우주의 각본을 쓰고 있다.
우리가 현실이라 믿는 것은 모두
마음이 하는 이야기들에 지나지 않는다.
명상은 완전히 쉬는 일이다.
몸만 쉬는 것이 아니라 전부 쉬는 것이다.
완전한 쉼이란 온갖 정신적 노력을 내려놓고
마음의 자연스러운 상태에 머무는 것이다.
그때 모든 생각이 사라지기 시작한다.
때로는 그저 앉아 있는 것만으로도
충분히 아름답다.

가끔씩 이런 질문을 던져 보는 일은 매우 중요합니다.
"나는 도대체 무엇을 찾고 있는가?"

이것은 대단히 중요한 물음입니다. 지금까지 자신이 어떤 모습으로 살아왔는가를 떠올려 보면 놀랍기도 하고 충격적이기도 할 것입니다. 대부분 환상을 좇으며 살아왔음을 알게 될 것이기 때문입니다. 그것은 깨달음의 환상, 정신적으로 탈바꿈해 전혀 다른 사람이 되는 환상처럼 멋진 것일 수도 있습니다.

그러나 제아무리 멋지다 한들 환상에 마음을 빼앗기고 있는 한 진정한 깨달음은 없습니다. 정신적으로 고양된 상태에 이를 수 있을지는 몰라도 진정한 해방 즉 해탈은 없는 것입니다. 고급 와인을 마시면 기분이 좋아지는 것과 마찬가지입니다. 이따금 심하게 우울할 때면 술을 마시거나 새벽 한두 시에 갑자기 일어나

아이스크림을 마구 먹지 않습니까? 이른바 '정신적으로 고양된 상태'라는 것도 어떤 면에서는 이와 같습니다. 그저 우울과 갈등, 슬픔을 피하려는 방편에 지나지 않습니다. 궁극적으로는 고통의 뿌리가 완전히 잘려 나가지 않기 때문입니다. 그렇기에 자신이 찾아 헤매는 것이 단지 또 다른 멋진 환상일 뿐임을 확실히 알아야 합니다. 환상은 곳곳에 널려 있습니다. 믿기 힘들겠지만 우리 삶은 환상에 이끌려 흘러갑니다.

"나는 오고 감을 넘어섰다." 이는 붓다의 가르침 중에서 가장 심오한 것입니다. 여기에 담긴 뜻은 무엇일까요? 모든 것이 허상이라는 말입니다. 우리 마음이 진리로 받아들이든 그렇지 못하든 이것은 진리입니다. 심지어 붓다조차 환상입니다. 같은 맥락에서 우리 의식을 주의 깊게 살펴보십시오. 마음이 늘 이런저런 이야기를 하고 있음을 알게 될 것입니다. 우리가 현실이라 믿는 것은 모두 그 이야기들에 지나지 않습니다.

'나는 1960년에 태어났다.' '무슨무슨 학교에 들어갔다.' '모 씨와 결혼했다.' '이혼했다.' '아들딸을 두었다.' '이런저런 일을 했다.' '이 년 전 위대한 스승을 만나 깨달음의 길을 찾았다.' 이런 것은 모두 이야기, 모두 환상이나 상상이나 허구입니다. 그럼 진실은 무엇일까요? 아무 일도 일어나지 않았다는 것입니다. 그러므로 자아가 환상을 좇아 거기에 집착하고 있는 것은 아닌지 수시로 확인해야 합니다.

무언가를 잃어버릴지도 모른다고 생각하면 커다란 두려움과 저항감이 생깁니다. 살면서 누구나 겪어 본 일일 것입니다. 우리는 늘 무언가를 잃습니다. 사랑하는 대상을 잃기도 하고 일자리를 잃기도 합니다. 타인의 사랑을 잃기도 하고 마음속에 간직했던 꿈을 잃기도 합니다. 우리는 끊임없이 잃고 있습니다. 물론 몸 또한 언제든 잃을 수 있습니다. 몸을 잃으면 우주 전체를 잃는 셈입니다. 그것을 죽음이라 합니다. 받아들이든 받아들이지 않든 언젠가 선택의 여지 없이 우리는 죽을 것이며, 죽으면서 모든 것을 잃게 됩니다. 우리의 환상이 아무리 아름답다 해도 그것은 모두 환상일 뿐입니다.

지금 여기에 펼쳐지는 아름다운 환상은 곧 잃어버릴 것들입니다. 영원히 붙들 수 있는 환상은 단 하나도 없습니다. 상황이 영원히 지속될 것 같습니까? 마음이 이야기를 하고 있을 뿐입니다. 환상은 실재하는 것이 아닙니다. 환상은 마음이 투영된 것입니다. 환상에는 결코 구체적이고 내재적인 현실이 없습니다. 잘 들여다보면 자아가 환상을, 그것도 갖가지 환상을 좇는 일을 되풀이하고 있음을 알 수 있습니다.

모든 것이 환상임을 아는 것이 진정한 깨달음입니다. 이러한 깨침 없이 자유란 불가능합니다. 그러므로 진정한 수행의 최종 목표는 마음속에 그러한 알아차림을 불러들이고 매 순간 알아차림 속에 사는 일입니다. 단순히 정기적으로 알아차림을 이루는 정도가 아니라 그것을 온전히 삶의 방식으로 삼아 그 안에서 사는 일입니다. 알아차림 속에서 먹고 자고 씻고 심지어 싸울 때조차도 알아차림 속에서 싸우는 것입니다.

알아차림은 마음속 깨달음의 핵심입니다. 알아차림 없이 자유란 없습니다. 해탈도 없습니다. 자신이 변화하고 있고 어딘가에 이르고 있다는 생각이 들지라도 실제로는 그저 정신적으로 고양된 상태, 또 다른 어떤 환상을 체험하고 있는 데 지나지 않습니다. 알아차림 없이는 그 어떤 변화도 일어나지 않습니다. 그러므로 진짜 질문은 이것입니다.

어떻게 진리를 실현할 수 있는가? 모든 부정적인 것, 병고처럼 달갑지 않은 조건들이 단지 환상일 뿐임을 어떻게 알아차릴 수 있는가?

일이 순조롭게 풀려 잘 지내고 있을 때에도 모든 것이 환상임을 알아차리는 것은 쉽지 않습니다. 명상을 하다 보면 모든 것이 환상이라는 진실이 얼핏 스쳐 지나가기도 합니다. 그러나 명상하던 자리에서 일어나 다시 일상의 삶과 부딪치기 시작하면 대개 그러한 알아차림의 순간을 잊고 맙니다. 때때로 자아는 어딘가에 도달하려고, 바로 당장 진실을 알려고 무던히 애쓰곤 합니다. 그것은 아주 좋은 일입니다. 이 알아차림이야말로 자유의 원천이라는 이야기를 내가 지금 계속하고 있으니, 어찌 좋은 일이 아니겠습니까?

자아는 우리에게 말할 것입니다.

"좋아, 나는 정신적인 알아차림을 추구하겠어. 정신적인 보상으로서 알아차림을 얻기 위해 할 수 있는 일은 다 해 볼 작정이야."

 자아는 말할 것입니다. 방대하고 보다 심오한 지식, 보다 다양한 훈련과 정신적인 복잡한 일들을 추구하라고. 자아는 정신적인 정보가 복잡하면 복잡할수록 방법이 어려우면 어려울수록 그것들이 더 심오한 것이라고 더 좋은 것이라고 말할 것입니다. 잘 모르는 내용이 많을수록 뜻 모를 말이 많을수록 더욱 신성한 것이라고 말할 것입니다. 그래서 자아는 때때로 일중독 상태가 되어 갖가지 수행 방법을 고안하고 이 모든 개념과 정보를 모아들이려고 애씁니다. 그러다가 생각합니다.
 '난 정말 지금 어딘가에 도달하고 있는 것 같아. 이렇게 힘을 쏟아붓고 있으니 말이야. 이렇게 열심히 노력하고 있잖아.'
 그러나 이런 방식으로는 아무것도 이룰 수 없습니다. 때로는 정신적으로 복잡한 일과 규율들이 걸림돌이 되어 이미 거기에 있는 깨달음을 의식이 알아차리지 못할 수도 있습니다.
 인도의 신비주의자 카비르(1398~1448 시인, 북인도의 성자. 힌두교, 이슬람교, 불교에 영향 받았지만 어떤 특별한 종교를 따르지는 않았다. 영감을 불러일으키는 그의 노래와 시는 깊은 지혜를 담고 있으며 전 세계 사람들에게 사랑받고 있다)는 이러한 '자아 게임'을 이미 오래전에 간파했습니다. 갖가지 영적인 규율을 지키며 살아가는 이들을 향해 그는 이 위험천만한 덫에 대해 지적했습니다. 그가 쓴 시에 이런 구절이 있습니다.

 말로는 수행의 달인이라 자처하면서

마음은 잿빛이고 자비심도 없으며
입고 다니는 옷 색깔만 자주 바꾸네

우리는 이렇게 물을 수 있습니다.
"깨달음으로 가는 완벽한 길은 무엇인가?"
물론 깨달음으로 가는 완벽하거나 유일한 길은 없습니다. 육년간 앉아서 명상에 든 붓다의 이미지를 나는 항상 떠올립니다. 그렇게 붓다는 깨달음에 이르렀습니다. 그러니 때로 우리가 할 수 있는 최선은 그저 쉬고 긴장을 푸는 것입니다. 자아는 이렇게 말할지도 모릅니다.
"뭐라고? 그건 너무 단순하잖아. 우리가 추구하는 정신적 경지가 그렇게 간단히 긴장이나 푸는 정도일 리 없어. 분명 그 이상의 무언가가 있을 거야."
그런데 실제로 결국 깨달음으로 가는 길이란 그저 긴장을 푸는 일일 뿐입니다. 그래서 불교의 여러 스승들은 명상을 쉬는 기술 혹은 긴장 푸는 기술이라 정의하는 것입니다.
완전히 긴장을 풀면 모든 생각이 사라지기 시작하는 것을 볼 수 있습니다. 자아가 자연스럽게 해체되기 시작하는 것입니다. 자아는 매우 강하기에, 없애려고 애쓸수록 오히려 없어지지 않습니다. 따로 무엇을 하지 않아도 그저 자리에 가만히 앉아 긴장을 푸는 것으로 이 문제는 해결됩니다
웬일인지 우리는 자아란 말썽꾼이라는 생각을 가지고 있습니

다. 불교도라면 더욱 그러합니다. 우주적 악을 체현하는 존재라는 의미에서 불교에서는 자아를 '마라'라고 부릅니다. 누군가에게 붙일 수 있는 최악의 이름인 '마라'를 자신의 자아에 붙이는 것입니다. 오랜 세월 동안 줄곧 자아를 비판하고 혐오해 왔기 때문에 반드시 자아와 맞서 싸워야 하고, 저항하여 넘어서야 한다고 생각합니다.

그런데 실상은 어떤가요?

초월하려 할수록 자아는 더욱 강해질 뿐입니다. 예컨대 누군가에게 지금부터 절대로 원숭이에 대해 생각하지 말라고 당부한다고 해 봅시다. 그런 말을 들은 이상 누구라도 원숭이 생각을 하지 않을 수 없습니다. 그러니 때로는 자아를 정복하고 없애려는 노력도 하지 않고 그냥 쉬는 것이 좋습니다. 이것은 아주 단순한 일입니다. 쉬는 법은 누구나 다 알고 있지 않습니까.

이런 유의 메시지는 전혀 새로운 것이 아닙니다. 오랜 세월을 두고 되풀이되는 것입니다. 이 메시지의 내용은 지금 이 순간 자연스러운 의식 상태에서 그냥 쉬기만 하면 알아차림, 곧 깨달음이 절로 이루어진다는 것입니다. 깨달음이란 뜻밖에 일어납니다. 마치 잔잔한 바다에서 고래가 불쑥 올라오는 것을 보고 깜짝 놀라듯이. 그것을 보면 우리는 숨이 멎을 만큼 신기해합니다. 수많은 세월 동안 무수한 명상가들이 이런 체험을 했습니다. 불교의 오랜 전통을 보아도 이런 일은 빈번하게 일어났습니다. 이런 일이 왜 아름다운 것일까요? 여기에는 어떤 특별한 방법도 특수한 훈련도 필요하지 않기 때문입니다.

　깨달음은 기대하지 않을 때 찾아옵니다. 내적인 쉼은 신성한 토대입니다. 그 토대 위에서 우리는 깨달음의 빛을 만납니다. 모두의 마음속에 이 앎이 내재해 있습니다. 광활한 사막 한복판에서 탈진하고 절망한 나그네가 우연히 아름다운 나무 아래 쉴 그늘을 찾게 된다는 불교의 비유담도 이를 잘 보여 줍니다. 여기서 나무와 그늘은 다르마(진리) 혹은 깨달음에 이르는 길을 상징합니다. 그런 의미에서 볼 때 깨달음에 이르는 길은 항상 쉽지는 않겠지만 지극히 단순합니다. 그러므로 이러한 마음 상태를 체험할 준비가 되지 않았다는 핑계는 통하지 않습니다. 어떤 핑계를 댄다 해도 모두 말도 안 되는 것이며 단지 깨달음으로 가는 길에 자아가 저항하고 있음을 보여 줄 따름입니다. 실제로 우리는 누구나 쉬는 방법을 알고 있으니 깨어나는 방법도 잘 알고 있는 것입니다.

　명상은 완전히 쉬는 일입니다. 그저 몸만 쉬는 것이 아니라 완전히 다 쉬는 것입니다. 완벽한 쉼이란 온갖 정신적 노력을 놓아 버리는 일을 포함합니다. 마음은 항상 무언가를 하느라 바쁩니다. 마음이 해야 할 일은 태산같이 크기만 합니다. 마음은 온 우주를 지탱해야만 합니다. 존재를 지탱해야만 합니다. 마음이 무너지면 더 이상 우주도 존재하지 않기 때문입니다. 붓다의 이런 말씀과 같습니다.

　"무엇 하나 실재하는 것이 없다. 열반도 없다. 윤회도 없다. 고통도 없다. 속박도 없다."

　마음이 이러한 잠재적 실상을 진짜 존재하는 것으로 알고 떠받들기를 멈추면 그 자리에는 아무것도 없습니다. 우주도 없습니다. 이는 마치 자전거를 타는 일과 같습니다. 자전거를 타고 있을 때에는 끊임없이 페달을 밟아야 합니다. 그런데 페달 밟기를 멈추면 자전거가 저 혼자서 달려가지는 못합니다. 금세 넘어져 버립니다. 이와 마찬가지로 상상 속의 세상, 상상적 현실을 만들어 내지만 않으면 그 세상은 바로 스러집니다. 그것을 무엇이라 부르든 상관없습니다. 윤회라 하든 현실이라 하든 꿈이라 하든 그것은 반드시 무너집니다. 끊임없이 그것을 영원한 것으로 만들고자 아등바등하는 자가 본래 존재하지 않기 때문입니다. 마음은 자신이 큰 책무를 지고 있다고 느낍니다. 끊임없이 이 꿈의 세상을 지어내고 그것을 이어 가야 한다고 느낍니다. 그렇기에 쉰다는 것은 멈춘다는 의미입니다. 열심히 노력하기를 멈춘다는 것, 허깨비로 이루어진 이 세상, 이원적인 세상, 너와 나, 좋은 것과 나쁜 것의 구분에 기반을 둔 세상을 계속 만들어 가는 일을 멈춘다는 것입니다. 이 환상의 세상을 만들어 내는 자아를 완전히 버릴 때 깨달음은 이미 그 자리에 있고 진리는 자연히 깨달아집니다. 그러므로 불교 명상의 핵심은 '긴장 풀고 쉬는 것'입니다.

　우리는 쉬는 법을 잘 안다고 생각하지만 막상 명상을 해 보면 그렇지 않습니다. 마음이 항상 무엇인가를 하려 하고 끊임없이 발버둥 치면서 현실을 통제하려 든다는 것을 알게 됩니다. 마음은 완전히 평화롭고 긴장이 풀린 상태에 머무르지 못합니다. 명상할 때 마음의 활동이 다양한 층으로 펼쳐지는 것을 발견하고 이 점에 주목해 보면 매우 놀랄 것입니다. 처음에는 이런 생각이 듭니다.

'아! 내 마음이 완전히 고요하고 평화로워졌구나.'

그러나 계속 주의를 기울이면 생각에 아주 미세한 활동이 일어나고 있는 것이 보입니다. 바로 현실을 통제하려 드는 마음입니다. 아마도 마음은 깨달음을 찾고 있을 것입니다. 어쩌면 자아를 초탈하려고 애쓰는 중일 것입니다. 아니면 이렇게 말하고 있는 것인지도 모릅니다.

"나는 지금 하고 있는 이 일이 싫어. 무릎 관절이 아프네."

혹은 이 명상 시간이 끝날 때까지만 버텨 보려고 노력 중인지도 모릅니다. 마음은 항상 이야기를 지어내고 있습니다. 마음은 늘 이 우주의 각본을 쓰고 있습니다. 요컨대 완전히 쉰다는 것은 이 모두를 놓아 버린다는 뜻입니다. 모든 생각을 놓아 버리는 것, 마음의 온갖 활동을 놓아 버리고 자연스러운 상태에 그냥 머무는 것, '있는 그대로'의 상태, 진리의 자리에 머무는 것입니다. 그때 깨달음은 이미 거기에 있습니다.

때로는 그저 앉아 있는 것만으로도 충분히 아름답습니다. 불교 수행은 붓다가 여러 해 동안 그래 왔듯이 좌선으로부터 시작됩니다. 붓다의 길에 함께하려면 이는 필수입니다. 지금 당장 하든 나중에 하든 우리 모두는 좌선에 상당한 시간을 들여야 합니다. 나는 늘 사람들에게 말합니다. 일상생활에서 다만 얼마만큼의 짬이라도 내어 그저 앉아 있으라고. 20분간 앉아도 좋고 40분 앉아도 좋습니다. 한 시간도 좋고 몇 시간도 좋습니다. 좌선을 하면 쓸데없는 수다, 남의 험담, 구체적인 어떤 것을 구하는 기도 따위를 입 밖에 내지 않고 자연스레 침묵하게 됩니다.

기도는 이따금 정신적인 소음이 되기도 합니다. 맹목적인 믿음이나 경직된 신앙의 표현일 수도 있습니다. 이원론적이고 근본주의적인 종교 전통에서 종종 써 온 방법이기에 우리는 이를 잘못 사용하기 쉽습니다. 기도를 해서는 안 된다는 말이 아닙니다. 참된 기도란 우리가 지어낸 개념을 모두 내려놓는 것입니다. 기도를 들어주거나 내치는, 인간보다 월등한 힘을 지닌 어떤 존재가 있다는 것까지 포함하여 모든 생각을 내려놓는 일입니다.

오해하지 마십시오. 우리는 원하는 대로 기도할 수 있습니다. 단지 일상에서 조용히 앉는 시간을 가지는 것이 매우 중요하다는 이야기입니다. 날마다 일정한 시간을 정해 그 시간에는 모든 일을 제쳐 두고 특별한 침묵을 지킬 필요가 있습니다. 그것은 단순히 떠들썩함이 사라진 상태가 아닙니다. 거기에는 우리를 곧장 깊은 평화로 이끌어 주는 힘이 있습니다. 그런 평화 속에서 우리는 사물을 있는 그대로 보게 됩니다.

불교 수행의 핵심은 명상하는 것입니다. 명상이란 무엇인가요? 쉬고 긴장을 푸는 기술입니다. 내가 늘 사람들에게 들려주는 이야기가 있습니다. 어느 날 붓다가 완벽한 자세로 명상에 든 장소에 원숭이 한 마리가 나타났습니다. 붓다가 깊은 침묵에 잠겨 미동도 하지 않으니 원숭이는 그가 살았는지 죽었는지조차 알 수 없었습니다. 명상에 든 붓다는 완전히 긴장을 푼 상태여서 원숭이가 툭툭 건드려도 아무 반응을 보이지 않았습니다. 이윽고 원숭이는 붓다의 모습을 따라 하기 시작했습니다. 결가부좌 자세로 앉아 고개를 약간 앞으로 숙였습니다. 들숨 날숨에 집중하기 시작했고 그러자 얼마 안 있어 원숭이는 바로 그 자리에서 깨달음을 얻었습니다. 얼마나 멋진 우화입니까. 단순하면서도 심오하지 않습니까. 기본적으로 깨달음의 핵심은 전혀 복잡하지 않다는 것입니다. 노력이 필요한 것도 아닙니다. 너무나 간단합니다. 바로 그 때문에 오히려 명상의 가치를 제대로 평가하기 어려운 것입니다.

나 역시 살면서 숱하게 좌선을 해 왔지만 이것만으로는 부족하지 않은가 하고 생각한 적이 한두 번이 아니었습니다. 불꽃놀이처럼 꽉 터지는 기막힌 그 무엇이 없었기 때문입니다. 특별할 것이 없었습니다. 그래서 지난 몇 년간 무엇을 했느냐는 질문을 받으면 대답하기가 상당히 애매했습니다. "아, 뭐 그저 앉아 있었을 뿐입니다."라고 말할 수는 없는 노릇입니다. 우리가 완성한 것들을 말로 표현할 수 있다면 무척 좋을 터입니다. 성취한 것들을 목록으로 만들어 제시한다는 것은 멋진 일입니다. 하지만 단지 앉아 있었을 뿐입니다. 반년 동안 일 년 동안 그저 앉아만 있었습니다. 이것을 수행의 성취랍시고 남에게까지 알린다는 것은 자아의 입장에서 여간 곤혹스러운 일이 아닐 수 없습니다.

명상이 좋고 자꾸 마음이 끌려서 하게 된다면 그것은 깨달음과 아주 가까워졌다는 뜻입니다. 좌선과 친해지려고 노력하십시오. 매일매일 그저 앉으십시오. 처음에는 갖가지 반응이 일어날 것입니다. 자아는 "그저 앉는 것만으로 뭐가 되겠어?"라며 우리를 설득하려 들 것입니다. 자아는 숱한 핑곗거리를 만들어 낼 것입니다. "너무 바빠서 그럴 시간이 없어."라고 말할 것입니다. 아침 일찍 일어나는 것이 힘들 수도 있습니다. 명상할 시간을 자꾸 뒤로 미룰 수도 있습니다. "오늘은 명상할 시간이 없어. 내일 하면 되지 뭐. 한 달 후에는 꼭 할 거야."

자아는 항상 저항을 만들어 냅니다. 자아는 때로 눈에 빤히 보이는 저항을 만들어 냅니다. 또 소소한 저항도 만들어 냅니다. 소소한 저항은 눈에 보이는 저항보다 더 파악하기 힘들 수 있습니다. 어쨌든 이 모든 저항의 목적은 우리로 하여금 규칙적인 명상 습관을 기르지 못하게 하는 것입니다. 그러므로 처음에는 억지로라도 명상을 하게끔 자신을 몰아붙여야 할지도 모릅니다. 깨달음에 대해 정말 진지한 사람이라면 날마다 명상하겠다고 다짐할 수도 있습니다. 진정한 깨달음에 이르기를 진심으로 바란다면 선택은 오로지 하나뿐입니다. 날마다 명상 수행을 삶의 최우선 과제로 삼는 것입니다. 자신과 그렇게 약속하면 무척 좋을 것입니다.

그러한 약속에 힘을 보태고자 나는 종종 사람들에게 명상을 돕는 좌선용 방석을 선물합니다. 그 방석이 눈에 들어오면 자신이 반년간 매일 명상하기로 했다는 사실을 떠올릴 수 있습니다. 수행을 이끄는 스승 앞에서, 불상이나 탱화 앞에서 규칙적인 명상을 실천하겠다고 약속하는 것도 좋습니다. 좌선 수행을 생활 속에서 실천하기 위해서는 특별한 사람이 될 필요도 없고 특별한 것을 알아야 할 필요도 없습니다.

나는 지금 깊은 휴식, 내적인 쉼, 헛된 자아를 지탱하려는 마음의 활동을 포함한 온갖 노력을 놓아 버리는 쉼에 대해 이야기하고 있습니다. 내가 지금 말하는 것은 더 이상 어떤 것도 붙들려고 애쓰지 않는 깊은 이완 상태입니다. 붓다의 거룩한 모습을 보면서 우리는 이제부터 매일 명상하겠다는 다짐을 할 수 있습니다. 이 알아차림과 환하게 밝은 마음을 매 순간 지니며 살겠다고 다짐할 수 있습니다. 명상 중에도 이런 마음을 그대로 지닐 수 있으며 일상 속에서 직장 일을 하면서도 그렇게 할 수 있습니다.

그렇게 약속하고 우리의 삶과 마음을 온전하고 끊임없는 깨달음에 바칠 수 있습니다. 그런 다짐을 하면 알게 됩니다. 우리의 내면에는 모든 저항 — 깨달음으로 가는 길을 위태롭게 만들고자 자아가 짜 놓은 모든 전략 — 을 극복할 힘이 있다는 것을. 이 내면의 힘으로 두려움, 불안정, 의심, 산만함을 극복할 수 있습니다. 어떤 장애도 극복할 수 있습니다.

3
모든 것에 만족하는 사람

만족이란 지속적이고 끈질긴 욕망이 완전히 멎은 마음 상태이다.
갈망해 온 것을 모두 가진 상태가 아니라 텅 비운 상태이다.
방에 이것저것 들여놓으면 쓸데없는 물건들로 꽉 차고 만다.
만족을 얻으려면 빈 공간을 만드는 일이 필요하다.

스스로 그것을 인정하든 인정하지 않든 우리는 모두 행복해지고 싶어 합니다. 종교를 가지거나 수행하는 것도 결국은 행복해지기 위한 일입니다. 인간관계를 맺고 경력을 쌓고 일을 이루려는 것도 행복해지기 위해서입니다. 인간의 모든 행위는 행복해지려는 시도에서 비롯됩니다. 누구나 행복을 원한다는 사실을 받아들이는 편이 좋습니다. 혹자는 허세를 부리느라 행복을 원한다는 사실을 인정하지 않습니다. 자신이 얄팍하거나 단순한 사람이라 여겨진다고 생각하기 때문입니다. 구도자라면 적어도 평범한 행복보다 '깨달음' 같은 고상한 것을 원해야 한다고 생각합니다. 그러나 결국 우리 모두가 원하는 것은 행복입니다.

행복을 원한다는 것은 전혀 문제 될 게 없습니다. 그렇지만 진정한 행복이 무엇인지는 짚고 넘어가야 합니다. 모두가 행복을 말하지만 행복에는 여러 왜곡된 형태들이 있습니다. 그러므로 우선 행복이 무엇인지 아는 일이 중요합니다. 행복이란 물질을 축적하거나 환상을 실현함으로써 얻을 수 있는 것이 아닙니다. 만족은 모든 것을 소유한 상황이 아니라 집착과 두려움이 없는 내면 상태입니다.

만족이란 '나는 이걸 원해.' '나는 저걸 원해.' 하는 지속적이고 끈질긴 욕망이 완전히 멈춘 마음 상태입니다. 마음속으로 갈망하는 것을 모두 가진 상태가 아니라 오히려 텅 비운 상태입니다. 방 한 칸에 빈 공간을 만든다고 생각해 봅시다. 외부에서 이것저것 들여놓는다고 해서 그것이 가능할까요? 방 안은 오히려 쓸데없는 물건들로 꽉 찰 것입니다. 그렇다면 어떻게 해야 할까요? 물건을 없애는 일부터 시작해야 합니다. 쓸모없는 것을 모두 버리는 것입니다. 만족스러운 결과를 얻으려면 비어 있는 공간을 만드는 일이 필요합니다. 소유하고 쌓아 놓을 것이 아니라 버려야 합니다. 모든 것을 버리면 만들고 싶어 했던 공간이 이미 거기에 있음을 보게 됩니다. 마찬가지로 내면의 만족도 이미 거기에 있으며 그것이 진정한 행복입니다. 깨달음은 특별한 것이 아닙니다.

올바른 수행이란 모든 집착을 놓아 버림으로써 만족에 이르는 것입니다. 붓다의 가르침의 핵심이 '집착 없음'이라 불리는 것도 이 때문입니다. 붓다는 다르마를 '집착 없음의 길'이라고까지 정의했습니다. 그러나 모든 것을 단념하는 것과 모든 것에 대한 집착을 단념하는 것에는 큰 차이가 있습니다. 모든 것을 단념하려고 애쓸 필요는 없습니다. 가능하지도 않습니다. 사람이 어떻게 모든 것을 단념할 수 있겠습니까? 단념할 수 없는 많은 것들이 있습니다. 살아가는 데 기본이 되는 것들은 확실히 단념할 수 없습니다. 우리에게는 의식주가 필요합니다. 의식주 가운데 어느 것 하나도 포기하지 못합니다. 당연합니다.

나는 여행할 때면 가능한 한 작은 여행 가방을 가져가려고 합니다. 추릴 대로 추려 짐을 아주 적게 꾸리려고 애씁니다. 그러기 위해 가방에 들어갈 물건을 꼼꼼히 점검합니다. 예를 들면 칫솔? 이것은 꼭 가져가야 합니다. 치약? 필요합니다. 놓아두고 갈 것이 하나도 없다고 생각될 때도 있습니다. 물건에 대한 집착을 버리는 과정도 이와 같습니다. 다시 말해 어떤 것도 단념할 필요가 없습니다. 우리가 가야 할 길은 집착 없는 마음의 근원으로 돌아가는 길입니다. 대단히 모순되는 듯한 이야기입니다. 하지만 마음이 집착을 뛰어넘는 방법을 알고 있다면 말이 되는 이야기입니다. 만약 모른다면 이해가 안 될 것입니다.

옛 인도의 왕 인드라보디의 이야기가 있습니다. 어느 날 이 왕이 붓다에게 가서 묻습니다.

"저는 해탈하고 싶습니다. 어떻게 해야 할까요?"

붓다가 대답했습니다.

"당장 승려가 되어 모든 것을 포기하십시오."

인드라보디 왕은 온갖 좋은 것을 즐기고 산 사람이었기에 모든 것을 포기하고 수행승이 될 준비가 되어 있지 않았습니다. 그는 아무것도 포기하지 않아도 되는 해탈의 길을 알려 달라고 다시 묻습니다. 그러자 붓다는 아무것도 포기하지 않고도 깨달음을 얻는 길을 알려 주었다고 합니다.

수행의 핵심은 마음속에서 모든 것을 놓아 버리는 것입니다. 이는 매우 까다로운 일이기에 특별한 이해가 필요합니다. 세상 모든 것을 가지면서 그 어느 것에도 집착하지 않을 수 있습니다. 아이스크림을 먹으면서도 그것에 집착하지 않을 수 있습니다. 그것이 어떻게 가능할까요? 딸기 아이스크림을 먹으면서 우리는 거기에 집착합니다. 더 먹고 싶어 합니다. 집착할수록 더 먹고 싶어지지만 건강에 해롭습니다. 계속 먹다가는 영영 딸기 아이스크림을 먹지 못하게 될 수 있습니다. 무언가에 집착하면 좀 더 가져야겠다는 생각이 듭니다. 딸기 아이스크림을 좀 더 먹지 않으면 성에 차지 않습니다. 그 아이스크림 맛이 자꾸 떠오르고 때로는 이 먹을거리를 우울증과 싸우는 도구로 이용하기도 합니다. 이 문제는 대단한 도전이 될 수 있습니다. 우리는 모든 것을 가질 수 있습니다. 어느 것도 단념하지 않으면서 어느 것에도 집착하지 않을 수 있는 것입니다.

집착 없는 마음이야말로 자유인이 되는 유일한 길임을 기억하십시오. 다른 길은 없습니다. 그 길을 어떻게 가는가는 절대적으로 자신에게 달려 있습니다. 수백 가지 방법이 가능합니다. 사람들은 수행자가 모든 것을 포기하는 것을 대단한 일로 여기지만 그것은 집착을 멈추는 나름의 방법일 뿐입니다. 어떤 경우 그 어느 것도 포기하지 않을 수 있습니다. 인드라보디 왕처럼 우리는 지금껏 간직해 온 모든 것을 그대로 유지하려 합니다. 직업, 재산, 삶의 방식, 지위, 관계, 앞날의 계획 등을. 그럴 수 있습니다. 붓다의 가르침의 핵심을 이해한다면 모든 것에 대한 강박관념이나 이를 자신과 동일시하려는 생각을 놓아 버림으로써 집착 없는 마음을 실현할 수 있습니다.

요점만 정리하겠습니다. 모두가 집착 없는 마음에 이르는 가장 효과적인 방법은 무엇인가? 탐닉이나 금욕이라는 양극단에 치우치지 않고 조화로운 길을 가고자 한다면 어떻게 해야 하는가? 일상생활에서 집착 없는 상태로 가는 완벽한 중도는 무엇인가? 이를 위해 삶에서 어떤 것들을 포기할 필요가 있습니다. 금욕을 실천하는 것과는 전혀 관계가 없습니다. 동양의 여러 나라에는 사색에 잠겨 집착을 끊는 법을 배우고자 수행자가 되는 사람들이 있습니다. 이런 방식이 모든 이에게 권할 만하다는 것은 아닙니다. 다만 현대인이 수행자가 되는 것은 도전할 만한 일이기도 합니다. 무엇이든 한 가지를 포기한다는 것은 매우 훌륭한 일입니다. 기분 전환용 오락이나 탐닉에 빠져 있다면 그것을 끝내십시오. 회피하려는 현실과 정면 대결하지 못하게 하는 일이라면 그만두십시오. 마음속에는 두려워하고 비겁하게 행동하는 부분이 있습니다. 이것은 끈질기게 저항합니다. 끝에 이르고 싶지 않기 때문입니다. 여기서 '끝'이란 모든 집착을 버리고 깨어나는 최후의 '시험'을 말합니다. 언제나 최종 시험이 우리를 기다리고 있습니다. 백 퍼센트 깨어 있고 제대로 깨달으려면 그 시험을 거쳐야 합니다. 그 궁극적 도전을 마주할 수 있을 때 우리는 바로 그 자리에서 깨달을 것입니다. 도망치지 않고 다른 생각도 일절 하지 않고 저항이라는 심리적 가면 뒤에 숨지도 않고 전 과정을 통과하도록 자신을 놓아둘 수 있다면 한순간에 깨달음이 올 것입니다. 이것은 이론이 아닙니다. 추측도 아닙니다. 실제로 일어나는 일이며 비범한 깨달음을 얻은 역사상 수많은 위대한 스승들에게 일어났던 일입니다.

우리는 여러 가지 것에 집착합니다. 이 집착 하나하나가 강력한 걸림돌입니다. 질병을 치료하려면 제대로 된 진단이 필요하듯이 그 집착을 제대로 알아야만 합니다. 그렇다면 왜 집착을 놓아야 할까요?

그것이 궁극적인 행복으로 가는 유일한 길이기 때문입니다. 물론 자아가 이런 생각을 그 즉시 옳은 것으로 받아들이지는 않습니다. 우리의 자아는 무언가를 성취하고 축적하는 것을 행복이라 정의합니다. 집착의 주된 원인은 자아를 독립된 것으로 보기 때문입니다. 그렇기에 자신을 규정하는 방편으로서 물건에 쉽게 집착하는 것입니다. 관념이나 개념이 집착하는 것도 그것이 어떤 면에서 우리를 규정하기 때문입니다.

구도의 길에서 사람들은 종종 은갖 기이하고 신성한 개념에 집착하여 이 광활하고 신비로운 우주 속에서 그 의미를 찾으려 합니다. 평범한 일상 속에서도 감각적 쾌락과 오락거리에 집착합니다. 여러 가지 이유가 있을 수 있겠지만 가장 확실한 것은 심리적인 편안함을 얻고 기분 전환을 하기 위함일 것입니다. 그러므로 우리는 진실하고 솔직하게 바라보아야 합니다. 습관이나 탐닉 혹은 집착을 무언가를 회피하기 위한 수단으로 쓰고 있는 것은 아닌지 정확히 살펴야 합니다. 마음의 고통을 피하고자 써 온 방법이 무엇인지 알게 되면 매우 놀라울 수도 있습니다. 때로는 삶 속의 극히 단순한 행동이나 활동조차도 마주하고 싶지 않은 것을 피하는 방패로 사용될 수 있습니다. 예를 들어 텔레비전 시청은 아주 좋은 오락거리가 됩니다. 그것이 옳지 못한 일이라는 이야기가 아닙니다. 훌륭한 프로그램도 있습니다. 다만 사람들이 자신의 현실, 그늘, 마음속의 슬픔이나 외로움과 마주하기를 피하고 정신을 딴 데 파는 방법으로 텔레비전 시청을 택하는 경우가 많다는 것이 문제입니다.

오랫동안 텔레비전을 보아 왔다면 하루 이틀 정도 텔레비전을 보지 않는 것은 얼마든지 도전할 만한 일이라고 생각할 수 있습니다. 그런데 막상 해 보면 그 일은 생각보다 힘이 듭니다. 사람에 따라서는 공황 상태에까지 이를 수 있습니다. 그리고 텔레비전이 없는 심심한 상태를 견디지 못한다는 사실을 알게 됩니다. 무언가를 아무 생각 없이 보면서 마음을 초점 없이 분산시킬 수 없기에 대단히 괴롭습니다.

집착 없는 마음의 지혜를 불러오는 방법으로 삶의 방식과 습관을 주의 깊게 점검하기를 권합니다. 일상적인 활동을 점검하면 스스로와 마주하는 것을 피하기 위해 습관적으로 취하는 행동을 많이 찾아낼 수 있을 것입니다. 일단 어떤 습관 한 가지를 찾아내면 매우 진지한, 더없이 진지한 태도를 취해야 합니다. 그것이 지나친 텔레비전 시청이든 지나친 독서이든 지나친 컴퓨터 사용이든 지나친 음주나 흡연이든 슨가야 합니다. 집착하고 있는 것을 한 가지만 골라 보십시오. 피난처로 삼아 매달리고 있는 개인적인 습관 한 가지를. 그리고 그 습관에 빠지지 않도록 노력해 보십시오. 완전히 떨칠 수는 없다 할지라도 해 볼 만한 일입니다.

완전히 그만둘 수 없는 일도 있습니다. 이를테면 전화 통화는 21세기 현대사회에서 반드시 필요한 일인 만큼 이에 의존하지 않고 살아가기란 거의 불가능합니다. 그렇기 때문에 전화 사용을 완전히 그만둘 필요는 없습니다. 하지만 긴 시간 전화로 수다를 떨고 남의 이야기를 하는 것이 마음을 분산시키려는 행위임을 알아차렸다면 즉시 전화 사용을 줄이고 꼭 필요할 때에만 통화를 하도록 노력할 수 있습니다. 그런 노력은 자기 훈련이자 더할 나위 없는 수행이 됩니다.

수행이란 앉아서 명상하는 일만을 의미하는 것이 아닙니다. 누군가 이렇게 말한다고 합시다.

"나의 스승은 매일 20분은 반드시 앉아 명상하라고 말씀하셨습니다. 나는 그렇게 하고 있습니다. 그런데 명상을 마치고 일어서면 그때부터는 내가 하고 싶은 대로 합니다."

이러한 접근법은 제대로 된 것이 아닙니다. 이는 스스로를 속이는 행위입니다. 집착을 없애는 수행은 삶의 작은 부분이 아니라 아주 큰 부분이 되어야 합니다. 우리가 마주치는 문제의 하나는 수행을 일상 속으로 끌어들이지 못한다는 점입니다. 우리는 집착을 버리는 수행을 하면서도 여전히 일상생활을 할 수 있습니다. 머리를 깎고 출가하거나 수행을 위해 사찰에 들어가지 않고도 그렇게 할 수 있습니다. 동양의 깨달은 성자 중 많은 사람이 재가자였습니다. 불교의 위대한 스승이자 수행자인 틸로파(988~1069 나로파의 스승이며 인도의 성자 84인 중 한 사람)는 어부였습니다. 그의 제자인 나로파(1016~1100 인도의 불교 스승으로 틸로파의 제자)가 스승의 위대함을 알아차리기 전까지는 아무도 그가 대단한 스승이라는 사실을 알지 못했습니다. 일정 기간 수행처에 들어가거나 은둔하면서 삶에 대해 숙고하고 명상하며 고독한 생활을 하는 것도 좋습니다. 하지만 궁극적으로 수행은 일상생활과 하나가 되어야 합니다. 그래서 알아차림과 마음챙김이 매 순간 자신의 활동과 인간관계에 반영되도록 해야 합니다. 이런 삶을 살면 망상과 고통은 사라지기 시작합니다.

  물론 처음에는 맞서 싸워야 할 것입니다. 집착을 버리는 수행의 길에 제대로 들어섰다면 몇 번이고 힘겨운 싸움을 하게 될 것입니다. 번번이 실패하고 있음을 알아차리는 순간도 올 것입니다. 수없이 좌절하며 포기해 버리고 싶을 때도 있을 것입니다. 사실 실패는 대단히 좋은 일입니다. 더 이상 내려갈 곳이 없을 때까지 내려가 보는 일이기 때문입니다. 왜 다시 실패할까 봐 두려워합니까? 우리는 너무도 무참히 실패한 나머지 스스로가 누구인지를 잊고 말았습니다. 참본성과 하나 되는 법도 잊었습니다. 자신이 누구인지에 대한 인식을 상실했다는 것은 실패 중에서도 가장 큰 실패입니다. 자신의 참본성과 하나 되지 못하는 것에 비하면 다른 어떤 일도 비극이나 심각한 실패라 볼 수 없습니다. 인간은 이미 이 실패를 경험했고 그러므로 진정한 실패란 두 번 다시 있을 수 없는 것입니다. 그 후에 이어지는 또 다른 실패는 그저 실패라는 관념에 불과합니다.

'일자리를 잃었어. 실패한 거야. 시험에 통과하지 못했어. 이번에도 실패했어. 인간관계가 엉망이야. 또 실패했네. 명상을 한다고 앉아도 온통 잡생각뿐이야. 실패했어. 난 내가 그리던 삶을 살지 못했어. 내 이상에 맞는 삶을 살 능력이 없어. 난 실패했어.'

이런 생각들은 모두 개념일 뿐입니다. 진정한 실패란 다른 것이 아닙니다. 자신의 참본성과 하나 된 상태를 상실하는 것입니다. 그 이상의 실패란 없습니다. 그 밖의 것은 그저 관념이요 지각 작용일 따름입니다. 물론 실패했다는 헛생각에 언제까지고 빠져서 날마다 스스로를 괴롭히며 살 수도 있습니다. 우리가 마주치는 도전 중에서 가장 큰 것이 바로 마음입니다. 마음은 지독히 파괴적일 수 있고 위험할 수도 있습니다. 자신의 가장 큰 적은 마음인지도 모릅니다. 마음이 깨닫지 못한 상태인 채로 현실을 지각하고 사는 편을 택할 때 특히 그러합니다. 아무리 호의호식하고 멋진 인생을 산다 한들 그런 상태로 현실을 지각하는 한, 만족은 없을 것입니다. 다시 한 번 이야기합니다. 실패는 단순히 개념에 지나지 않습니다. 번번이 실패해도 괜찮습니다. 사실 실패할 때마다 스스로에게 초콜릿 하나씩을 상으로 주어야 마땅합니다. 실패와 만회에 대한 일반적인 생각을 뒤집을 수 있습니다. 실패하면 안 된다는 법이 어디 있습니까. 처음부터 이미 실패한 상태였는데 또 실패한들 무슨 상관입니까.

명상 수행을 해 나가다 보면 바람과 두려움에 대한 강한 집착이 완전히 사라지는 단계가 있습니다. 그런 집착이 사라진 자리에 들어서는 것은 자신감과 이 길에 대한 확신입니다. 이 순간부터는 두려움, 공포, 고독, 절망 같은 위급 상황을 만나더라도 내적 평정심이 완전히 상실되는 법이 없습니다. 명상을 통해 집착을 버리고 마음을 챙기는 수행을 계속해 가면 평정심은 큰 산처럼 우뚝하게 항상 거기에 있을 것입니다. 산은 지진이나 태풍이 와도 천둥 번개가 쳐도 흔들림이 없습니다. 마찬가지로 마음 밖이나 마음 안에서 어떤 일이 벌어지든 우리는 산처럼 차분히 알아차릴 수 있습니다. 그래서 더 이상 스스로를 어떤 조건으로 규정하지 않게 됩니다.

조건으로 자신을 규정하면 지속적인 행복감이나 내면의 만족감을 느낄 수 없습니다. 일시적으로 행복했다가도 다음 순간 불행합니다. 깨어 있다고 생각되다가도 다음 순간 그렇지 못합니다. 활짝 갠 날처럼 쾌청하다가도 어느새 갑자기 흐리고 우울해집니다. 우리의 의식은 슬픔과 행복, 기쁨과 우울, 고통과 쾌락 사이를 변덕스럽게 왔다 갔다 합니다. 다음은 늘 양극단 사이를 오가며 흔들립니다.

또 하나의 단계가 있습니다. 평정심의 단계입니다. 우리 마음은 이 단계에 접근하면 이렇게 말합니다.

"이거 정말 따분한데. 여기서 빠져나가자."

그러고는 또 다른 극단적인 정서나 감정 속으로 빠져들곤 합니다. 그러나 이때 우리는 조건들 이를테면 행복과 고통의 조건이나 분리와 결합의 조건 같은 것과 자신을 동일시하게 됩니다. 조건과 자신을 동일시하면 언제나 슬픔과 혼란에 좌지우지되며 영원히 변치 않는 자유의 근원을 상실하게 됩니다.

모든 신비주의 가르침의 기본 전제는 무엇입니까? 우리 모두에게는 고귀한 본성이 이미 갖추어져 있다는 것입니다. 불교에서는 이를 '불성'이라 부릅니다. 스스로를 외부 조건들과 더 이상 동일시하지 않게 될 때 평정심의 영역에 들어서는 것입니다. 이때 우리는 자신의 참본성과 하나가 됩니다. 그 본성은 자체로서 고귀하고 완전하며 파괴할 수 없습니다. 불성은 삶에서 지금 일어나는 일에 결코 손상되지 않습니다. 질병 같은 조건에 의해 상처 나지 않으며 내쳐지지도 않고 사라지지도 않습니다. 외부의 어떤 것도 불성을 훼손할 수 없습니다.

불성은 다이아몬드와 같습니다. 다이아몬드는 소중하고 완벽하고 숭고하며 아름답고 파괴할 수 없는 것의 상징입니다. 그 무엇에 의해서도 손상되지 않습니다. 매 순간 우리는 절대적으로 완벽합니다. 참본성은 파괴될 수 없는 것이기 때문입니다. 우리의 참본성은 그 어떤 것에 의해서도 조건 지어지지 않습니다.

우리의 참본성은 완벽하게 숭고하고 거룩합니다. 이 우주의 가장 지고한 것이며 가장 신성한 것입니다. 그러므로 자신을 참본성과 순수의식과 동일시할 수만 있다면 고통은 모두 사라집니다. 그것이 해탈입니다. 바로 이것입니다. 이 이상 아무것도 없습니다. 우리의 순수의식과 하나가 되는 것, 이것이 깨달음입니다. 해탈입니다. 밖에서 그 무엇도 구할 필요 없이 성취는 이미 거기에 있습니다.

4
알아차림

처음 미국에 왔을 때 나는 토마토와 아보카도에 대해 마음이 닫혀 있었다. 토마토는 핏덩어리 같았고 아보카도는 기름 덩어리 같았다. 마음속에 그것들에 대한 나만의 그림이 있었던 것이다. 이제는 그 둘을 무척 좋아해서 안 먹는 일은 상상도 못 한다.

붓다는 시대를 앞서 갔습니다. 붓다가 살았던 시대와 그 문화를 지배한 것은 신화와 미신 그리고 편협한 세계관이었습니다. 그럼에도 붓다는 이 모든 제약을 뛰어넘어 깨달음을 이루었습니다. 모든 허상을 초월해 자유를 얻는 유일한 길은 진리를 있는 그대로 보고 알아차리는 것이라 선언했습니다.

그렇다면 무엇이 진리인가? 진리를 어떻게 정의할 수 있는가? 진리란 하나의 이론인가? 개념인가? 전지전능한 어떤 존재인가? 궁극적인 의미에서 진리란 이 가운데 그 어떤 것도 아닙니다.

진리는 개념적인 것이 아닙니다. 개념과 관념으로는 절대 진리를 이해할 수도 깨달을 수도 없습니다. 진리란 이해의 대상이 아닙니다. 오히려 체험해야 할 그 무엇이며 천상의 음료인 넥타르처럼 직접 맛보아야 할 그 무엇입니다. 넥타르에는 이해할 것이 없습니다. 맛보고 마셔 보고 체험해야 합니다. 진리도 마찬가지입니다. 체험하고 알아차려야 하는 것이지 생각의 대상이 아닙니다. 진리가 무엇인지에 대해 한없이 많은 이론을 만들어 낼 수는 있습니다. 정보를 추가하고 또 추가하여 지성의 창고에 관념과 개념을 첩첩이 쌓아 올릴 수 있습니다. 하지만 이 중 어느 것도 진리가 무엇인가 하는 물음에는 도움이 되지 않을 것입니다.

'어떻게 진리를 알아차릴 수 있는가?'

이것이 문제의 핵심이며 최우선 과제가 되어야 합니다. 우리는 이것을 알고자 열망하며 알아내겠다고 단단히 결심합니다. 우리를 사로잡는 강박관념 중에 건전한 것이 있다면 '반드시 진리를 깨치고야 말겠다'는 강박관념일 것입니다. 우리 모두에게는 떨치려 해도 한사코 떠오르는 강박관념이 있습니다. 누구나 마음속에 강박관념을 지닌 채 살아갑니다. 어떤 이는 돈 벌 생각만 하고 또 어떤 이는 감각적 쾌락을 누릴 생각만 합니다. 어떤 이는 오로지 외모에만 관심이 쏠려 있어서 얼굴과 몸을 젊게 하는 데에 많은 돈을 씁니다. 어떤 이는 건강에 사로잡혀 있고 어떤 이는 영적인 것에만 사로잡혀 있습니다. 불행히도 미움에 사로잡혀 살아가는 이도 있습니다. 그런 사람은 남에게 복수하고 싶다는 생각만 합니다. 누군가를 해쳐서 자아의 지극히 부정적인 상태를 충족시키는 일에만 사로잡혀 있는 것입니다. 이런 생각이 폭력과 전쟁을 낳으며 결국 고통과 아픔으로 귀결됩니다. 어떤 이는 개념과 관념에 사로잡혀 지식만 쌓고 있습니다. 결국 이 모든 것은 의미 없는 강박관념일 뿐입니다.

진리를 불교 용어로 '공'이라 합니다. 모든 환상이 사라진 텅 빈 상태이기 때문입니다. 이 공을 허무주의적인 '무'로 오해하지 마십시오. 공은 모든 것을 낳는 원천입니다. 공은 자비와 연민의 무한한 자리입니다. 공은 모든 개념을 태워 버리는 신성한 불이며 모든 비참한 모습을 씻어 내는 신성한 물입니다. 그러나 자아의 시점에서 본다면 공은 미지의 암흑, 다시 말해 우리 존재의 근거 자체를 위협하는 것으로 여겨질 것입니다. 하지만 이 모든 저항을 단념하기만 한다면 공 즉 진리야말로 최고의 벗임을 알게 될 것입니다. 공이라는 벗은 한 번도 우리를 떠난 적이 없으며 앞으로도 우리를 버리지 않을 것입니다. 진리와 한번 사랑에 빠지면 그 연애는 끝이 없고 우리의 그리움은 모두 채워질 것입니다.

지나치기 힘든 것이 있습니다. 진리에 이르게 해 준다는 수많은 방법과 그럴듯한 유혹들입니다. 이런 것들이 오히려 진리를 알아차리는 데에 걸림돌이 됩니다. 이것들은 대부분 불필요하며 진리와의 만남을 늦출 뿐입니다. 손바닥에 무엇이 있는지 보기 위해 굳이 망원경을 들이댈 필요가 있습니까? 마찬가지로 진리는 항상 우리 앞에 있기에 그것을 찾고자 어디에도 갈 필요가 없습니다. 그런데도 많은 이가 진리를 찾기 위해 공허한 의식을 치르거나 관념 놀이에 몰두합니다. 그러다가 찾는 일에도 지칠 무렵 어느 한순간, 그토록 오랫동안 찾던 진리를 섬광처럼 흘긋

보게 됩니다.

진리를 껴안고 살아갈 때 내면의 자유를 얻습니다. 내면의 자유야말로 인간이 추구하는 열반입니다. 해탈은 모든 그릇된 믿음을 그만두는 것입니다. 그릇된 믿음은 망상이 됩니다. 망상이란 자아가 그 얄팍한 존재를 일으켜 세우려고 안간힘을 쓰는 투쟁입니다. 열반은 복숭아나 망고 같은 열매가 가득 열려 있고 모든 사람이 후광을 드리우며 거니는 천상의 정원이 아닙니다. 모든 사람이 영속적인 복을 누리는 어떤 장소가 아닙니다. 우리가 도착하는 순간 먼저 와 있던 수천 명이 깃발을 흔들며 맞아 주고 나팔 불어 환영하는 곳이 아닙니다. 열반이나 깨달음을 그런 식으로 정의하지 마십시오. 열반은 우리 여행의 목적지가 아닙니다. 우리가 얻으려 하는 마음의 초월적 상태도 아닙니다. 영원히 간직할 황홀경이나 몽환의 경지 같은 것도 아닙니다. 그런 것은 진정한 열반이 아닙니다. 열반이란 오히려, 우리를 진리와 구분 짓는 일이 완전히 멈추는 것입니다. 지금까지 어떤 상태에서 헤매 왔는지를 문득 알아차리는 것입니다. 이는 마치 밤에 악몽을 꾸다가 깨어나는 것과 같습니다. 악몽 속에서 헤매다가 깨어 아무 일도 없음을 깨닫고 안도하는 것입니다.

진리에 대해 생각할 때면 호통치는 노스님의 모습이 떠오릅니다. 그는 멱살을 잡고 흔들며 소리 지릅니다. "이제 좀 놓아 버려!" 진리 역시 호통칠 수 있습니다. 우리가 허상을 얼마나 아끼고 거기에 집착하든 결국 진리는 그 모두를 깨부숩니다. 허상에

다가갈수록 우리는 그것을 놓아 버려야 한다는 것을 더욱 명확히 알 수 있습니다. 아무리 오랫동안 붙들어 온 허상이라 해도 말입니다. 간혹 포기하기에는 너무 많은 것들이 걸려 있을 때 우리는 그 허상을 계속 붙들고 있어야 한다고 느끼기도 합니다. 그런데 믿음 체계 전체를 넘어서지 않고는 허상들을 떨쳐 내지 못합니다. 대부분의 믿음 체계는 문화, 성장 환경, 출생 이후 우리에게 지어진 모든 조건에 좌우됩니다. 마음에 지어진 조건을 놓아 버리는 것은 젖니를 뽑는 일과 비슷합니다. 두렵거나 불편할지도 모르지만 더 강하고 오래가는 간니가 나려면 젖니가 빠져 자리를 내주어야만 하는 것입니다.

  진리를 알아차리기 위해 진리를 알아차려야 한다는, 말 안 되는 말이 있습니다. 진리와 만나려면 대체 어떤 준비 과정이 필요할까요? 여기저기서 얻을 수 있는 답은 많겠지만 이미 만들어져 나오는 완벽한 답은 없습니다. 준비에 지나치게 시간을 들인다면 준비만 하다가 제 길을 찾지 못하며 몸담아 살던 이 구태의연한 세상을 떠나지도 못할 것입니다. 반면에 준비 없이 이루어지는 일도 없습니다. 누구나 자신만의 준비 방법이 있습니다. 준비하는 데 반드시 필요한 일 하나는 우리가 깨어나도록 돕는 정신적 스승을 찾는 것입니다. 여기서 정신적 스승이란 동양의 수행 전통에서 찾을 수 있는 비범한 도인처럼 대단한 능력의 소유자를 가리키는 것이 아닙니다. 정신적 스승은 삶의 갖가지 상황에서 여러 형태로 나타납니다. 백 퍼센트 자유로워지고 싶을 때 우주가 스승이 될 것입니다. 삶 자체가 우리의 길잡이가 될 것입니다. 불교에서 자주 이야기되는 유명한 말이 있습니다. "제자가 배울 준비가 되었을 때 스승은 나타나는 법이다." 그가 올바른 스승인지를 가늠하려면 우리가 이미 짊어지고 있는 허상에 또 다른 허상을 보태는지 아닌지를 보면 됩니다. 좀 더 나은 허상을 주는 사람은 필요 없습니다. 최선의 스승은 기존의 믿음 체계를 모조리 부수고 저마다의 자연스러운 온전함을 드러내게 하는 사람입니다. 진정한 스승은 자신이 누구인지가 아니라 우리가 진정 누구인지를 가르쳐 줄 것입니다. 만약 우리가 안전이나 무슨 '주의'를 구한다거나 그런 것을 이미 찾았다면 틀림없이 우리는 그릇된 스승과 함께 자유로부터 멀찌감치 떨어져 가고 있는 것입니다.

나는 누구에게나 계속 이렇게 말합니다. "부디 가슴을 활짝 여십시오. 마음을 여십시오." 왜 가슴과 마음을 활짝 열어야 할까요? 열린 마음은 자아에 대한 도전입니다. 자아는 항상 무언가를 붙들고 싶어 하고 이미 아는 것을 보호하고 싶어 합니다. 자아에게 있어 미지의 것이란 악몽입니다. 한밤중에 컴컴한 밀림 속을 걷는 일과도 같습니다. 마음을 열어 감에 따라 우리 존재의 개념적 토대를 붙들고 있던 손은 자연스레 놓아집니다. 그 개념적 토대란 그릇된 정체성에 불과합니다. 그릇된 정체성은 개념, 충동, 기억, 망상의 덩어리입니다. 이렇게 함으로써 우리는 자신이 누구이며 세상을 어떻게 항해할 것인지에 대해 확실한 감각을 얻을 수 있습니다. 마음을 열면 자아에 대한 환상은 스러지고 동시에 우리에게 익숙한 현실도 스러집니다. 인류 역사상 열린 마음을 일깨우는 일은 언제나 절실한 과제였습니다. 지구가 평평하지 않다는 사실 그리고 지구가 우주의 중심이 아니라는 사실을 인류가 받아들이는 데 얼마나 많은 시간이 걸렸는지 생각해 보십시오. 인류의 과학적 성취가 가능했던 것은 몇몇 사람들이 용기 있게 행동한 덕분이었습니다. 그들은 새로운 사고방식과 새로운 존재 방식에 마음을 활짝 여는 용기를 냈던 것입니다.

여기서 열린 마음이란 무엇을 의미할까요? 특히 자유, 진리, 열반을 찾는 구도의 길과 어떤 관계가 있을까요? 열반 혹은 우리가 열반이라 부르고 싶어 하는 어떤 것은 제한적인 믿음을 모두 부수고, 굳어진 정신적인 양식과 습관을 완전히 없애는 일을 뜻합니다. 이것들이 부서진 자리에 진정한 탐구를 위한 공간이 생깁니다. 가슴과 마음을 활짝 열면 새로운 것, 새로운 진리, 새로운 현실, 과거에 접하지 못한 기적을 체험할 수 있는 자리에 서게 됩니다. 사물을 다르게 보게 되며 그 사물은 새롭고 확장된 기회와 새 지평을 펼쳐 보입니다. 그래서 열린 마음이 필요한 것입니다. 이는 비단 진리와의 관계에서만이 아니라 일상생활과의 관계에서도 마찬가지입니다.

예를 들어 보겠습니다. 처음 미국에 왔을 때 나는 서양 음식을 받아들이려 하지 않았습니다. 특히 토마토와 아보카도 두 가지를 매우 꺼렸습니다. 토마토는 핏덩어리 같았고 아보카도는 역겨운 기름 덩어리 같았습니다. 마음속에 토마토와 아보카도에 대한 나 나름의 이미지와 이야기가 있었던 것입니다. 이는 그저 내 마음과 가슴이 토마토와 아보카도에 대해 열려 있지 않기 때문이었습니다. 나는 맛과 음식에 대한 오래된 믿음 체계를 고수하려 했습니다. 토마토와 아보카도에 가슴을 활짝 열 준비가 되어 있지 않았습니다. 아무 방법이 없었습니다. 이런저런 부정적인 생각이 계속 마음속으로 밀려들어 왔습니다.

'그래, 토마토는 어쩌면 맛있을지도 몰라. 언젠가는 먹어 봐야겠지. 그렇지만 오늘은 아니야. 내일 먹든가, 몇 달 후면 아보카도 맛을 볼 준비가 될 거야. 하지만 지금은 분명 아니야.'

실제로 토마토나 아보카도를 하나쯤 먹어 보지 못할 이유는 없었지만 내 마음은 이런저런 이유를 댔습니다.

'맛이 없을 거야. 역겹겠지. 꼭 피 같잖아. 구역질 나.'

이런 이유만으로도 토마토나 아보카도를 먹을 생각이 달아났고 내 가슴은 아주 오랫동안 열리지 않았습니다. 그러던 어느 날 우연히 마음과 가슴이 토마토와 아보카도에 활짝 열려 그것들을 먹게 되었습니다. 제법 맛이 있었습니다. 이제는 아보카도와 토마토를 무척 좋아해서 이 두 가지를 먹지 않는 생활은 상상도 할 수 없습니다. 정말 놀랍도록 맛이 좋았습니다. 토마토와 아보카도가 삶을 완전히 바꾸어 놓은 것입니다. 토마토와 아보카도에 두 손 모아 감사를 표하고 싶은 마음이 들 때도 있습니다.

진리도 이와 같습니다. 우리가 마음과 가슴을 열지 못하고 있을 뿐입니다. 마음을 열면 어떤 이로운 점이 있는지를 체험하지 못했기 때문입니다. 일단 진리를 체험하게 되면 문제 될 것이 없습니다. 걱정할 것도 없습니다. 우리가 진리에 마음과 가슴을 열 준비가 되었는지 아닌지 하는 질문조차 문제 되지 않습니다. 하지만 그렇지 못하다면 이 질문은 문제가 됩니다. 물론 우리는 가슴을 활짝 여는 법을 알아야만 합니다. 반만 여는 것이 아니라 완전히 여는 법을 알아야 합니다. 때로 우리는 가슴을 조금만 열었다가 다시 닫아 버립니다. 또 열었다 다시 닫습니다. 가슴을 열어 거의 진리에 닿으려 하다가도 어떻게든 닫아 버릴 방법을 찾아냅니다. 자아는 우리가 해탈의 경지에 들어가지 못하게 방해합니다. 통제를 포기하고 싶지 않기 때문입니다. 자아는 해체되고 싶어 하지 않습니다. 죽고 싶어 하지 않습니다. 고통스러운 자아는 해체되기를 원치 않습니다. 고통과 갈등으로 가득 찬 이 덧없는 세상에 언제까지고 매달려 있기 때문입니다.

내가 '이 세상'이라고 할 때 그것은 물리적인 세상이 아닙니다. 물리적인 세상은 아름답습니다. 잘못된 것이 하나도 없습니다. 내가 고해라고 할 때 그것은 마음속의 세상을 가리킵니다. 인간은 그 마음속 세상에서 숱한 시간을 보냅니다. 믿기지 않겠지만 하루에 거의 24시간 곧 인생의 대부분을 이 마음속 세상, 이원적 세계에서 보내고 있습니다. 이 이원성과 분리의 세계는 계속적인 갈등, 투쟁, 번뇌로 가득 찬 세계입니다. 마음속 세상이 미움, 화, 판단 등의 부정적 감정으로 이루어져 있기 때문입니다.

그러므로 진리 혹은 열반이란 우리의 모든 그릇된 관념, 잘못된 개념, 망상이 완전히 부서진 상태입니다. 열반은 이미 그 자리에 있다는 점에서 하늘과 같습니다. 항상 여기 있습니다. 바로 지금 여기에. 열반은 구름 낀 하늘과 같습니다. 구름에 가려 있어도 하늘은 늘 거기에 있습니다. 언제까지나 있습니다. 구름은 잠시 끼었다 흩어지는 덧없는 현상일 뿐입니다. 그릇된 관념과 잘못된 개념들은 진리를 알아차리지 못하게 우리 눈을 가리는 마음속의 장막이라고 할 수 있습니다. 일단 내적 장애물을, 그 장막을 걷어 내는 법을 알면 진리는 즉시 깨달아집니다. 바로 그자리에서 문득 열반이 늘 거기 있었음을 봅니다. 기나긴 여행길에 찾아 헤맨 것이 사실은 내내 우리와 함께 있었습니다. 실상 우리가 집을 떠난 적이 한 번도 없었음을 알게 되는 것입니다. 찾아 헤맨 여정 전체가 무익하지만 이미 거기 있는 것을 발견하는 데 꼭 필요한 한 부분이었음이 밝혀집니다.

우리는 늘 진리 안에 있습니다. 이 궁극적 진리는 모든 것에 고루 스며 있는 생생한 현실입니다. 열반은 그 지고의 진리가 나타나는 영역입니다. 어떻습니까? 이 말에 솔깃하지 않습니까? 지금 이 순간부터 죽을 때까지 그리고 죽은 뒤에도 이 아름다운 진리를 깨닫는 일은 언제든 가능합니다. 만약 그것이 사실이라면 무엇 때문에 사람들은 그렇게도 힘들게 갖은 애를 쓰며 수행과 관련된 정보를 모아들이느라 노력을 쏟아붓는 것일까요? 또 그렇게 하고 있음에도 왜 아무 데도 이르지 못하는 것일까요? 참으로 역설적이지 않습니까? 우리는 마치 자유롭게 흐르는 강물에 몸을 담그고 있으면서도 지독한 갈증을 느끼는 사람과 같습니다. 빈 컵을 들고 누군가와 마주칠 때마다 제발 물 좀 달라고 애원합니다. 강물 속에 서 있는 사람이 강물을 마시면 안 되는 이유라도 있습니까? 물론 없습니다. 굳이 이유를 대자면 그 사람이 잘못된 방향으로 눈길을 주고 있었기 때문입니다. 아래쪽을 내려다보는 것을 잊었기 때문입니다. 조금만 시선을 낮추십시오. 그 즉시 자신이 강물 속에 서 있고 마실 물이 주위에 한없이 넘실대고 있음을 깨달을 것입니다.

이렇게 본다면 수행의 길은 정말 단순합니다. 무언가를 얻고 쌓아 올리고 성취하는 일이 아니기 때문입니다. 필요 없는 것을 놓아 버리기만 하면 됩니다. 어딘가에 도달하거나 무언가를 추구하며 이것저것 손에 넣는 대신에 쓸모없는 것을 버리는 일입니다. 어딘가로 가고 무언가를 추구한 것은 어제오늘의 일이 아닙니다. 우리가 오랫동안 해 온 이 행동은 악순환이나 마찬가지입니다. 끝이 없습니다. 간혹 정신적인 탐색 자체가 늘 우리와 하나인 진리를 알아보지 못하도록 방해하기도 합니다. 찾는 일을 멈출 때를 알아야 합니다. 철학적인 형식과 비의를 갖춘 지고의 진리를 찾다가 생을 마치는 이들이 있습니다. 그런 사람에게 수행은 자아의 또 다른 각본이며 망상을 지탱하고 부추기는 것이 될 뿐입니다. 붓다, 신, 진리, 신성한 것, 위대한 신비, 우리가 이 어느 것을 추구해 왔든 그것은 바로 지금 여기에 있습니다. 놀랍지 않습니까.

명상 수행의 유일한 목적은 지금 이 자리에서 깨어나 완전한 열반에 이르는 것입니다. 명상은 기적처럼 우리를 그쪽으로 이끄는 직통 문입니다. 우리에게는 오직 명상만이 필요하며 결국에는 그것조차 초월하게 됩니다. 명상의 길에 있어 대단히 중요한 두 가지 단계가 있습니다. 첫 번째는 지적인 이해입니다. 고통의 본성과 실상은 무엇인지 열반과 윤회는 무엇인지 또 나와 남은 무엇인지 묻고 탐구하는 것입니다. 이를 통해 우리는 하나의 강력한 이해인 '최종적으로는 벗어나야 할 윤회도 없다'는 사실에 이르게 됩니다. 넘어서야 할 고통도 없습니다. 해탈해야 할 자아조차 없습니다. 우리의 고통, 우리의 적, 우리의 삶, 이 모든 것은 우리 스스로가 만들어 낸 개념일 뿐입니다. 그것이 전부입니다. 그러나 이 전부를 꿰뚫어 보고도 여전히 고통스러운 상태로 남아 있을 수는 있습니다. 꾸준히 명상해 온 우리 중 많은 사람이 이에 공감할 것입니다.

두 번째 단계는 모든 것을 초월하는 것입니다. 첫 번째 단계인 지적인 이해를 받아들여 끊임없이 체화하고 삶 전체와 하나가 되게 하는 일입니다. 선과 악, 성공과 실패, 이 모든 것은 비슷비슷한 이원성의 일부입니다. 집착할 경우에만 현실이 됩니다. 꿈꾸는 사람의 마음속에만 나타나는 꿈속 세상과도 같습니다. 이 단계가 되면 어떤 조건에 직면하든 변함없이 깨달은 마음을 유지하는 법을 배우게 됩니다. 모든 조건을 뛰어넘는 마음속의 지혜를 간직하게 됩니다. 진리를 끌어안고 살아감으로써 마음의 자유, 우리가 찾아야 할 유일한 열반을 얻게 됩니다.

모든 것을 초월하는 방법은 명상하는 이들이 '알아차림'이라 부르는 상태를 유지시켜 줍니다. 불교의 가르침에서는 항상 '알아차림'이란 단어를 씁니다. 알아차림의 기능은 실제로 매 순간 우리의 모든 어리석은 개념을 태워 없애는 것입니다. 정말 놀랍지 않습니까? 알아차림을 어떤 형상으로 표현하라면 나는 활활 타오르는 불을 이야기하고 싶습니다. 바로 지금 이 자리에서 모든 허상을 태워 없애기 때문입니다. 알아차림을 마음에 지니고 실천한다는 것은 언제나 초탈할 준비가 되어 있다는 뜻입니다. 매 순간 모든 믿음, 모든 개념, 모든 생각을 내려놓을 준비가 되어 있다는 뜻입니다. 이는 하루 24시간 내내 알아차림을 실천할 태세가 되어 있다는 것이며 우리가 알아차림의 주인공으로서 순간순간 완전히 깨어 있고 흐트러지지 않는다는 것입니다.

불교의 스승들은 "흔들리지 말라."고 합니다. 알아차림을 놓치지 말라는 말입니다. 나는 이 표현이 무척 좋습니다. 흔들리지 말라. 이 무슨 말인가요? 순간순간 그 불과 같은 알아차림을 유지함에 있어 고요하고 물러서지 말고 강하게 밀어붙이고 엄정하라는 말입니다. 일단 알아차리게 되면 그것은 저절로 유지됩니다. 우리가 계속해서 알아차린 상태인지 알아보려고 머리를 쥐어짤 필요는 전혀 없습니다. 알아차림은 저절로 유지됩니다. 그렇기에 다른 노력이 필요 없다는 것입니다.

우리에게 문제가 있다고 여겨질 때 이 '나'가 실체라고 믿게 될 때, 그럴 때는 마음이 거짓말을 하면서 그릇된 믿음으로 우리를 속이고 있는 것입니다. 자아는 속임수를 써서 허깨비가 실체인 양 믿게 합니다. 그러므로 끊임없이 알아차리고 초월하여 우리의 모든 관념과 우리를 구분 짓는 생각을 뿌리 뽑아야 합니다.

단지 평소에 지닌 모든 개념, 고통스러운 개념들, 우리와 관계 있는 개념들을 제거하기만 하면 됩니다. 우리는 항상 개념과 연관되며 이것들은 헤아릴 수 없이 많습니다. 개념 하나하나에는 나름의 줄거리가 있습니다. 이런 것을 생각해 봅시다. '나는 가난하다.' 이것은 개념입니다. '나는 어리석다.' 이 역시 개념입니다. '나는 여자다.' 개념입니다. '나는 남자다.' 마찬가지로 개념입니다. 이 모든 것이 개념입니다. '내게는 돈이 얼마 없지만 백만 원만 있으면 행복할 텐데.' 이것도 개념입니다. 이 모든 것은 개념입니다. 시간을 들여 명상하거나 분석하기에 앞서 이 개념들을 당장 없애십시오. 한계를 짓는 개념이 떠오르면 바로 초월하십시오. 명상할 시간을 갖기도 전에, 속에 무엇이 들어 있는지 껍질을 벗겨 보기도 전에 그 개념들이 진짜인지 아닌지 눈으로 확인하기 전에 버리십시오. 단지 버리라는 것입니다.

이 가르침을 마음에 담고 활짝 열린 가슴으로 순간순간 이렇게 산다면 해탈에 이를 것입니다. 이 가르침을 마음 깊이 받아들이고 삶의 궁극적 길잡이로 삼는다면 순간순간 깨어 있게 됩니다. 모든 것은 하기 나름입니다. 이제 우리는 큰 깨달음의 세계로 통하는 문을 활짝 열어젖혀야 합니다.

5
나를 내려놓으면 문제도 없다

자아는 희생양이다. 우리는 자아가 독립된 개체인 양 걸핏하면 자아에게 책임을 지운다. 우리가 자아와 전쟁 중이라고 느낀다. 그런데 자아와 맞서 싸우는 그는 누구인가? 모든 문제는 우리가 누구인지에 대해 잘못된 생각을 가지고 있기에 생기는 것이다. 누군가가 되려 하고 누군가이려 하는 헛된 노력을 내려놓을 때 자유와 깨달음은 스스로 찾아온다.

깨달음을 이루려면 어느 정도의 시간이 필요할까요? 이 물음에 대해서는 의견이 분분합니다. 혹자는 깨닫기까지 오랜 시간이 걸린다고 하고 혹자는 잠깐이면 된다고 합니다. 어떤 이는 우리가 깨달음과 지척에 있다 하고 또 어떤 이는 천리만리 떨어져 있다고 합니다. 어느 쪽이 바로 본 것인지는 단정하기 어렵습니다.

해탈이란 무엇입니까? 깨달음이란 무엇입니까? 실제로 깨달음을 도덕적 보상이나 이상향으로 생각하고 찾는다면 이는 무지개를 따라다니는 일과 다를 바가 없습니다. 무지개는 쫓을 수는 있지만 결코 잡을 수는 없습니다. 깨달음을 직접 체험하지 못하도록 방해하는 가장 큰 요소는 깨달음에 대한 선입견일 것입니다. 우리는 깨달음에 대해 가진 모든 생각을 버려야 합니다. 혹여 깨달음에 대단히 큰 희망을 품고 있다면 내 말이 거북하게 느껴질 수도 있습니다. 깨달음에 대해 지닌 생각을 모조리 멈추라고 누군가가 말한다면 모든 것을 잃는 듯할 것입니다. 우리가 그토록 떠받드는 환상 즉 깨달음조차 잃는 듯할 것입니다. 이 얼마나 냉정한 주문입니까. 그러나 궁극적 진리 다시 말해 공이란 모든 환상을 깨부수는 것이며, 여기에는 깨달음에 대한 환상 또한 포함됩니다.

명상할 때 자리에 앉아 숨에 집중하면 우선 '나'라는 것, 깨달음을 구하고 고통에서 해방되고자 하는 자아가 존재한다는 것을 알 수 있습니다. 계속해서 들숨 날숨을 살피고 몸의 감각에 집중하면 이 모든 생각과 개념과 환상이 하나씩 스러지면서 진리가 스스로 모습을 드러냅니다. 구름 덮인 산과 마찬가지입니다. 처음에는 짙은 구름에 가려 산이 보이지 않습니다. 이내 구름이 걷히면서 천천히 산이 나타나고, 구름이 전부 흩어지면 늘 그 자리에 있던 산의 모습이 완전히 드러납니다.

이처럼 숨을 살피고 몸의 감각과 일어나는 알아차림에 집중하면 온갖 환상, 고통, 혼란, 슬픔, 개인적 문제, 이런 모든 것이 사라지기 시작합니다. 이 모든 체험은 망상에서 생겨난 것입니다. '나'가 느끼는 것입니다. '나는 진짜다. 나는 정말로 존재한다.' 이때 자아는 '나'를 제외한 모든 것이 사라지고 있다고 느낍니다. 그리고 계속해서 명상해 나가면 자아의 느낌 역시 사라집니다. 여기서 더 명상하면서 지금 이 순간을 늘 알아차리며 관찰할 때 드디어 자아도 해체됩니다. 자아가 해체되면 남는 것은 순수한 알아차림입니다. 형언할 길 없이 단순하지만 심오하고 황홀하며 자비로운 알아차림만이 존재합니다. 거기에는 아무도 없습니다. 그 자리에 '나'라는 존재는 없습니다. 윤회(나쁜 상황)와 열반(좋은 상황)의 구분도 없습니다. 길을 구하거나 깨달음을 찾는 이도 없습니다. 그 순간에 우리는 붓다의 가르침의 핵심을 깨닫게 됩니다.

잠시 개인적인 이야기를 하겠습니다. 처음 승려가 되어 사찰에 들어갔을 때 나는 이런저런 상상을 했습니다. 수행 생활이 전망과 계시로 가득하고 꽃을 든 하늘 사람이 나를 찾아오는 여행길일 것이라 생각했습니다. 그런데 승려가 처음 배우는 경전 중에 '반야심경'이 있었습니다. 반야심경은 그 참뜻을 깨닫지 못한 사람에게는 매우 무미건조하게 느껴질 수도 있습니다. 황홀경을 묘사한 신비주의적인 시와는 다릅니다. 이를테면 "코도 없고 입도 없고 혀도 없다. 빛깔도 소리도 냄새도 맛도 감촉도 없다……" 이런 식입니다. 어쨌든 매일 반야심경을 읽었고 마침내 완벽하게 기억할 수 있게 되었습니다. 뿐만 아니라 믿을 수 없을 만큼 빠르게 암송까지 하게 되었습니다. 그렇게 반야심경을 암송한 지도 여러 해가 지난 어느 날 나는 마침내 그 의미에 아주 가까이 다가갔다는 생각이 들었고 '궁극적으로는 아무것도 없다'는 표현의 의미도 가까이 느낄 수 있게 되었습니다. 심지어 '무'조차 없는 것입니다. 커다란 '공', 그것이 진리입니다. 이러한 깨침을 잠시라도 맛보게 되면 우리의 남은 인생은 크게 달라질 것입니다.

모든 정신적 가르침의 핵심은 자아에 대한 집착을 버리는 것,

형태, 소리, 냄새, 맛, 감촉 그리고 좋고 나쁨과 온갖 개념에 대한 일체의 집착을 버리는 것입니다. 예외 없이 전부 버리는 것입니다. 흔히 불교에서는 이번 생에 깨달음과 해탈을 얻으려면 놓아 버린 사람이 되어야 한다고 말합니다. '놓아 버린 사람'이란 지위나 모습에서가 아니라 내면적으로 승려가 되는 것을 가리킵니다. 놓아 버린 사람이 되는 궁극적인 방법은 마음속에서 집착을 끊는 것입니다. 윤회를 비롯한 좋지 않은 것들에 대한 집착뿐 아니라 모든 것에 대한 집착을 끊는 일입니다. 열반에 대한 집착도 끊고 사랑하는 것들에 대한 집착도 끊어야 합니다. 열반에 대한 집착 또한 다른 형태의 미련이며 이 얄팍한 자아를 지탱하는 다른 방식이기 때문입니다. 자아는 온갖 모습으로 나타나며 심지어 영적인 현상의 형태를 띨 때도 있기에 우리는 자아에 대한 갖가지 집착 역시 끊어야 합니다.

간혹 우리는 모르는 사이에 종교나 수행을 이용해 오히려 자아 정체성을 견고히 하기도 합니다. 이는 놀라운 일이 아닙니다. 신경증이 현실에 대한 알아차림이 일어나지 못하게 억누르는 역할을 하기 때문입니다. 그렇기에 두려움, 자부심, 배타적인 마음, 편협한 믿음 같은 것은 수행한다고 해서 쉽게 사라지지 않으며 심지어 더 잘 유지되기도 합니다. 문명의 여명기부터 수천 년 동안 그러했고 여전히 특정 종교 단체뿐만 아니라 모든 종교 전통에서 흔히 이런 일이 일어납니다. 인간은 진화하는 과정에 있기에 이 같은 일은 대규모로 끝없이 계속될 수 있습니다. 우리가 어떤 형태의 신경증에든 매달려 있는 한 해탈할 수 없다고 붓다는 이야기했습니다. 붓다 이전의 인도 문화에서는 신경증의 여러 유형이 신성한 가르침과 경전 속에 스며들 수 있었습니다. 카스트 제도와 성차별이 정상적인 일로 간주되었습니다. 붓다는 처음으로 최하층 천민과 여성을 대중 속으로 포용했고 이로 인해 수많은 논란과 대립이 빚어졌습니다.

사람들은 불교도가 무슨 뜻이냐고 묻곤 합니다. 나는 이렇게 대답합니다. "아무도 아니라는 뜻입니다." 진정한 구도의 길은 무엇이 되는 일이 아닙니다. 구도란 무엇이 되지 '않는' 일입니다. 누군가가 되려 하고 누군가이려 하는 헛된 노력을 내려놓을 때 자유와 깨달음은 스스로 찾아옵니다. 우리는 이미 우리 안에 불성이 있음을 압니다. 그리고 자유라는 것이 얼마나 노력 없이 펼쳐지는지를 보면 놀라게 됩니다.

궁극적으로 우리는 자아의 모든 방어기제를 해체해야 합니다. 여기에는 정신적인 것들도 포함됩니다. 자아가 여러 형태로 모습을 감춘 채 나타나기도 하기 때문입니다. 그러므로 진정한 해탈을 이루려면 우리의 자아를 완전히 단념하고 초월해야 합니다. 이렇게 생각할 수도 있습니다. '그건 케케묵은 소리야. 자아에 대한 집착을 버리라는 이야기 말이지. 그런 소리는 귀가 닳도록 들었어. 이미 여러 번 실패했잖아. 나는 다른 방법을 찾으러 지금 여기에 온 거야. 깨달음이 필요해. 그런데 다른 방법은 없을까?' 자아는 말합니다. "나는 여전히 깨달음을 원하지만 자아에 대한 집착을 끊는 일 말고 다른 방법은 없을까. 그것만 제외하면 무엇이든 할 텐데. 좀 기다려 봐. 어떻게 안 되겠어?"

자아는 협상하기 좋아하고 진리와 논쟁하기 좋아합니다. "내게 무엇을 하라고 해 봐. 절벽에서 뛰어내리라 해도 그렇게 할 테니. 성적 충동을 억누르라면 그렇게 할 테니. 무엇이든 하겠어. 하지만 이것만은 시키지 마. 집착을 버리는 일만은 못하겠어. 만약 그렇게 한다면 나는 광대한 미지의 진리 속에 빠져 죽어 버릴 테니 말이야." 다시 한 번 우리는 자아를 해체하는 일 혹은 있는 그대로의 세계 속에 녹아드는 이 최종 과업을 두고 그 주위를 맴돌기 시작합니다. 실제로 진리와 공과 협상할 방도는 없습니다. 진리라 부르든 공이라 부르든 그 안에 녹아 하나 되는 것만이 유일한 방법입니다. 진리를 깨달으면 깨달을수록 다른 어떤 방법도 없음을 알게 됩니다.

바로 여기 이 순간에 완벽하고 온전한 깨어 있음을 불러오는 유일한 방법은 즉시 자아를 해체하는 것입니다. 여기에는 두 가지 방법이 있습니다. 고통스럽게 초탈하는 법과 황홀하게 초탈하는 법. 후자는 '더없는 행복의 길'이라고 알려져 있습니다. 그렇게 부르는 이유는 노력을 들이지 않고 자아를 넘어서는 방법이기 때문입니다. 도대체 어떻게 행복하게 자아를 해체할 수 있을까요? 자아의 제국을 없애는 수단으로 전쟁을 벌인다면 결국 우리는 성공하지 못할 것입니다.

직접 수행을 하는 사람으로서 특히 불교도로서 우리는 자아에 전쟁을 선포해 왔고 온갖 문제와 혼란이 자아 때문이라고 비난해 왔습니다. 자아는 우리의 희생양입니다. 마치 자아가 독립된 어떤 개체인 양 걸핏하면 자아에게 책임을 지웁니다. 우리는 자아와 전쟁 중이며 이 전쟁에서 때로는 우리가 이기고 있고 때로는 자아가 이기고 있다고 느낍니다. 자아와 싸우는 주체가 실상은 자아인 적도 있으며 그 경우 상황은 악화됩니다. 간혹 우리는 그저 스스로의 의식을 똑바로 들여다보기만 하면서 이렇게 묻는 때가 있습니다. "자아와 맞서 싸우는 그는 누구인가?" 대개 여기서 모든 것이 무너집니다. 더없는 행복의 길이란 자신이 상상한 최종 목표에 이르는 데에 걸림돌로 여겨지는 것은 무엇이든 제거하고자 자아와의 전쟁을 선포하는 일이 아닙니다. 자아로 하여금 아무것도 포기하지 않고 아무 데도 가지 않게 함으로써 저절로 해체되게 하는 일입니다.

  어떻게 그렇게 할까요? 방법은 많습니다. 그러나 결국에는 이 무수한 방법이 모두 같은 것임을 알게 됩니다. 때로 우리는 그저 쉽니다. 사실 할 일은 오직 그것뿐입니다. 불교의 가르침에서 명상은 '쉼의 기술'이라 일컬어집니다. 우리는 쉴 때 숨에 주의를 기울입니다. 몸의 감각에 주의를 기울입니다. 처음에는 개념과 관념으로 이루어진 거대한 제국만 보이지만 계속해서 '지금 여기를 알아차림'에, 그 평화와 평온에 주의를 기울이면 자아의 제국 곧 '자기'라는 커다란 환상의 성이 사라지기 시작합니다. 그 순간 '나'는 없어지고 순수의식이 드러납니다. 구름이 걷히면 산이 드러나듯이 자연스럽게 나타납니다. 참본성 역시 저절로 드러납니다. 그 자리에는 나와 너의 구분이 없습니다. 어떤 관념이 아니라 체험으로 이것을 압니다. 스스로 알고 또 아무 의심 없이 압니다. 우리는 우리가 누구인지를 압니다. 우리의 참본성을 바로 그 자리에서 알며 완전히 신뢰합니다. 그 순간을 잠깐이라도 경험한다면 무척 놀랄 것입니다.

이따금 가만히 앉아 호흡에 주의를 기울이노라면 자아가 길을 방해하려 듭니다. "뭐야, 이건 너무 단순해. 이렇게 해서는 아무 데도 이르지 못할걸. 별 특별한 일도 없잖아. 불꽃놀이 같은 것도 없어. 이렇게 해 봐야 어디에도 이르지 못해." 자아는 우리를 유혹해 어떤 아름답고 신기한 환상을 좇게 만들려 합니다. 그러나 우리가 저항하지 않고 '지금 여기를 알아차림' 상태에 머무르며 호흡에 집중하면 놀랍게도 자아는 소멸합니다. "지금 일어나는 일이 마음에 안 들어. 이 평범한 순간이 싫어. 여기 앉아서 호흡에나 집중하는 일이 싫어."라고 말하는 자아는 더 이상 없습니다. 일어나는 일을 못마땅해하는 '나'는 완전히 사라지며 궁극적인 의미에서 중요한 것은 오직 그것뿐입니다.

자아가 해체될 때 모든 것은 이미 깨어 있습니다. 나무도 깨어 있고 바위도 깨어 있고 새들도 하늘의 구름도 깨달은 상태입니다. 붓다는 이 같은 완벽한 깨달음의 순간이 왔을 때 온 우주가 이미 깨달았다는 것을 발견했습니다. 더 나아가 땅의 티끌 하나하나까지 모두 깨달았음을 알아차렸습니다. 티끌 하나하나가 그대로 극락임을 보았습니다. 티끌 하나하나에 수십억 수조의 극락이 들어 있습니다. 티끌 하나하나마다 수십억 개의 붓다 세상이 들어 있습니다. 이 우주 전체가 문득, 있는 그대로인 채로 온전해지고 깨달은 상태가 됩니다.

그렇다고 우리가 황홀경에 빠져 제정신을 잃고 빨간불이 켜져 있어도 운전하거나 양말을 머리에 뒤집어쓰게 된다는 이야기는 아닙니다. 물론 자아는 말할 것입니다. 평상시의 집착심을 아주 놓지는 말라고. 그랬다가는 대가를 톡톡히 치르게 될 것이라 위협합니다. 자아는 완전히 깨어 있지 말라고 항상 경고합니다. 어느 정도 깨어 있으면 되지 완전히 깨어 있지는 말라고. 때로 자아는 우리를 진정한 깨어남의 탈을 쓴 정신적 고양 상태에 빠져들게 만들어 큰 기쁨을 느끼게 할 것입니다. 또 어떤 때는 의심과 절망으로 우리를 강타해 모든 열망을 부정하는 암흑 속으로 던져 버릴 것입니다.

마음속 깨어남에 대한 방해는 우리가 거의 느낄 수 없을 정도로 교묘하며 대개 은밀하게 이루어집니다. 이번 생에 자유로이 해탈할 수는 없다고 가르치는 종파도 많습니다. 이번 생에 해탈로 자유로워질 수 있다고 가르치는 경우에도 그것이 평범한 사람은 도저히 이르지 못할 높은 경지인 양 말합니다. 심지어 어떤 종교에서는 극단적으로, 그런 자유의 경지는 인간을 초월한 외부적 권위에 무릎을 꿇어야만 얻어진다고 말합니다. 그런 떠도는 이야기들을 믿는 한, 우리는 어디로도 가지 못하고 윤회의 굴레를 쳇바퀴처럼 돌 뿐입니다. 우리의 수행 역시 제 꼬리를 잡으려고 도는 강아지 수준을 넘지 못할 것입니다.

명상 수행자로서 우리에게도 그런 상황이 닥칠 수 있습니다. 오랫동안 수행을 하노라면 내적으로 특별한 변화와 깨어남을 체험하는 순간이 자주 있습니다. 그런데도 어떤 이는 고통에 대한 집착을 완전히 내려놓고 싶어 하지 않습니다. 커다란 진리 즉 공의 세계로 완전히 녹아들기를 원치 않는 것입니다.

어떤 이는 그 마지막 집착을 그대로 붙잡고 싶어 합니다. 어느 정도 깨어 있는 것은 좋지만 완전히 깨어난 상태는 원하지 않습니다. 자아의 입장에서야 완전히 깨어나지 않는 쪽이 편하겠지만 해탈에 이르는 유일한 길은 완전히 깨어나는 것입니다. 늦든 빠르든 우리는 완전히 깨어나야 합니다. 커다란 공, 무의 궁극적 진리 속으로 완전히 녹아들어 어느 것에도 심지어 깨달음에도 해탈과 진리의 혼란에도 집착하지 않아야 한다는 의미입니다. 우리는 이 모두를 내려놓아야 합니다. 어떻게 그렇게 할까요? 모두 내려놓으려고 애쓰면 내려놓아지지 않습니다. 내려놓으려 애쓰는 이 누구인가요? 내려놓으려는 자가 있기에 내려놓아지지 않는 것입니다. 궁극적인 의미에서는 거기에 아무도 없습니다. 이것은 녹이는 일입니다. 자아를 해체하는 일입니다. 자아를 해체하는 법을 알게 되면 애쓰지 않아도 해탈합니다. 이는 넥타르에 대해 공부하는 대신 그것을 직접 마시는 것과 같습니다. 보통 어떤 투쟁도 저항도 없이 황홀경에서 자아를 해체하는 방법이 이것입니다. 여기에는 헌신이 매우 중요한 역할을 합니다.

기도할 때 우리가 하는 일은 헌신의 마음을 불러일으키는 것입니다. 헌신이란 더 이상 아무것에도 저항하지 않는 일입니다. 우리는 이 이상 허깨비 같은 실체인 자아를 붙잡으려 하지 않습니다. 자아는 순간순간 무너지고 해체됩니다. 애초부터 허상이었기에 그대로 두면 자아는 사라집니다. 이미 실체가 아닌 것입니다. 이미 무너지고 있는 것입니다. 자아라는 환상을 쌓아 올리고 유지하려 애를 쓰면 괴롭습니다. 불안과 광기를 느끼게 됩니다. 이미 산산조각으로 흩어지고 있는 무언가를 붙잡으려 하는 것이기 때문입니다. 자아는 이미 흩어지고 있으며 고통도 이미 흩어지고 있습니다. 하루 24시간 내내 힘겹게 윤회를 유지하려 애쓰면서도 늘 이에 대해 불평하는 그는 누구입니까? 그 사람이 대체 누구입니까?

여기에는 다소 이분법적인 측면이 있습니다. 또 우리가 구도의 길에 들어설 때는 아주 열심히, 결연한 자세를 갖추고 있기에 이는 상당히 혼란스럽기도 합니다. 우리는 윤회나 고통스러운 삶에 대해 불평하며 필사적으로 해탈을 구합니다. 동시에 윤회가 이미 허물어지고 있다는 사실 또한 기억하지 않으면 안 됩니다. 어떻게 그럴 수 있는지 의심스러울 것입니다. 여러 생 동안 나는 여기에 붙들려 있었습니다. 윤회라는 악순환은 저절로 멈추지 않습니다. 문제는 바로 이것입니다. '자아란 누구인가? 윤회를 지탱하려 애쓰는 이 누구인가?' 윤회는 실제로 매우 견고하게 이어집니다. 우리는 골치를 썩이고 가슴을 아프게 하는 숱한 일들을 겪으면서 윤회를 되풀이해 왔습니다. 그럼에도 윤회를 계속하려는 이 자신은 누구입니까? 그는 누구입니까? 실제로 그는 존재하지 않습니다.

얼마 전 주말 명상 수행 프로그램을 지도할 때 쉬는 시간에 한 중년 부인이 다가와 물었습니다. "우리더러 아예 죽으라는 건가요?" 나는 이렇게 대답했습니다. "그럼요, 바로 그겁니다!" 깍듯이 예를 표하는 그녀에게 답례로 나도 합장하고 절하면서 이렇게 덧붙였습니다. "제대로 아셨군요. 바로 그겁니다. 그 이상 배울 것이 없습니다." 돌연 그녀의 얼굴이 환해지면서 아름다운 미소가 퍼졌습니다. 분명 그녀는 그 순간 해탈의 길을 안 것입니다. 우리는 이 허망한 자아가 죽고 또 죽게 내버려 두어야 합니다.

이 죽음은 육체적 죽음보다 심오한 것입니다. 이 죽음으로 모든 번뇌는 영원히 사라집니다. 이는 무언가의 종말이 아닙니다. 자비와 지혜의 꽃이 활짝 피어나는 삶의 시작입니다. 친구 하나는 내게 말하곤 했습니다. 정신적인 참스승이 되는 유일한 길은 자기가 스승이라는 생각을 모두 놓아 버리는 것이라고. 절대적으로 맞는 말입니다. 그런 생각조차 뛰어넘고 버릴 수 있을 때 진정 위대한 스승이 될 수 있다고 그는 이야기했습니다. 그의 말의 핵심은 어떤 식별에 대한 집착도 녹여 없애라는 것이었습니다.

우리 스스로가 이 사회에서 맡은 역할이나 정체성에 대해 확고한 믿음을 가지고 있다고 상상해 봅시다. 우리가 어느 조직의 수장이거나 회사의 대표라고 상상해 봅시다. 자타가 공인하는 미인이거나 한창나이의 젊은이라고 상상해 봅시다. 우리가 어떠어떠한 사람이라는 환상과 혼연일체가 되어 있다고 상상해 봅시다. 그 정체성을 확보하고 유지하려고 애쓰는 데만도 얼마나 많은 고통과 번뇌를 겪어야 하는지 들여다봅시다. 관습으로 이뤄진 세상에서 많은 사람이 우두머리가 되고 싶어 합니다. 지도자가 되고 싶어 합니다. 선거로 뽑힌 시장이나 대통령이 되고 싶어 합니다. 직함이 그들의 정체성이 되기 때문입니다. 또 많은 사람이 그런 정체성을 지키기 위해 남들에게 고통을 주기도 합니다.

역사상 지도자들은 자아의 정체성이라는 것이 얼마나 파괴적이고 위험할 수 있는지를 보여 주는 놀라운 전형이 되기도 했습니다. 지위를 차지하려고 싸우는 사람들 때문에 수백만 명이 생명을 잃고 크나큰 고통을 받았습니다. 지위란 무엇입니까? 실재하는 것이 아닙니다. 환상일 뿐입니다. 그 어떤 정체성에 대한 집착도 대단히 파괴적이고 격렬할 수 있습니다. 이것이 바로 윤회입니다. 그러므로 모든 구도나 수행의 핵심은 기다릴 것 없이 바로 지금 여기에서 모든 것을 녹여 없애는 일입니다. 다시 말하지만 자아라는 것을 어떻게 황홀경에서 녹여 없앨까요? 그저 숨에 주의를 기울이며 여기에 있으면 됩니다. 그때 자아는 해체되기 시작합니다. 이 말은 너무 간단하게 들릴 것입니다.

이렇게 생각할 수도 있습니다. '나는 여러 번 내가 쉬는 숨에 주의를 기울여 왔지만 어떤 계시도 얻지 못했어.' 이것은 우리를 그 오래된 틀 속에 다시금 가두려는 지난 이야기일 뿐입니다. 그런 생각이 든다면 그것 역시 알아차리고 버리십시오. 때로 우리는 기도해야 합니다. 가슴 가득히 헌신의 마음이 들어찰 때 자아는 동요합니다. 스스로를 조각조각 분해하지도 못하고 그 조각들이 진짜인지 가짜인지 구별하지도 못한 채 바로 그 자리에서 죽어 버립니다. 분석적 명상을 할 시간이 전혀 없습니다. 자신을 초월할 준비를 갖출 시간도 없습니다. 우리 가슴에 헌신의 마음이 가득 차는 순간 자아는 사라집니다.

함께 모여 명상할 때 나는 자신을 녹여 없애기 위해 명상하고 있다는 태도를 가지라고 모든 이를 격려합니다. 바로 이 때문에 명상하는 것입니다. 이러한 시각에서 알아차림을 추구하십시오. 그리고 이원적인 마음이 매일 30분만이라도 아니 단 10분만이라도 녹을 수 있게 놓아두십시오. 자신이 녹아 없어지는, 예기치 못하게 진리와 마주하는 잠시 잠깐의 순간은 넥타르를 마시는 일과 같습니다. 그것은 말로 다할 수 없는 경지입니다. 간신히 '지극한 행복'이라는 말로 묘사할 뿐입니다. '지극한 행복'은 좋은 표현이지만 오해의 소지가 있습니다. 이는 일상의 행복과는 무관합니다. 맛난 음식을 먹을 때의 행복이나 그 밖의 감각적 쾌락을 맛볼 때의 행복과는 다릅니다. 이것은 감정이 아니라 알아차림에 토대를 둔 비개념적인 행복입니다. 흔히 참본성을 깨닫는 일은 더없는 궁극적 행복의 넥타르를 직접 마시는 것과 같다고 이야기합니다. 많이 마실수록 중독되지만 그것은 좋은 일입니다.

넥타르를 한두 번 마시는 정도로는 충분하지 않습니다. 여러 차례 자신이 녹아 없어지는 경험을 통해 지극한 행복의 넥타르 마시는 법을 배워야 합니다. 언젠가 그런 체험을 했다는 기억만으로는 안 됩니다. 초기 단계에서는 이 지극한 행복의 넥타르를 매일 적어도 세 번은 마셔야 합니다. 해탈을 구하는 사람이라면 이 정도는 하십시오. 시간이 감에 따라 매일 여러 차례, 아마도 수백 번쯤 이 넥타르를 마시게 될 것입니다. 매일 천 번쯤 마시게 될 수도 있습니다. 얼마쯤 지나면 잠을 자건 깨어 있건, 말을 하건 명상 중이건, 음악을 연주하건 사람들과 싸우건, 순간순간 넥타르를 마시게 됩니다. 항상 지복의 넥타르를 마신다는 말입니다. 이 경지를 '완벽하고 온전한 깨어남'이라고 하며 이것이 우리의 목표입니다. 우리가 목적으로 하는 최고의 열망이 바로 이 경지인 것입니다.

어느 불교 스승의 말씀이 생각납니다. "자아가 없으면 문제도 없다." 짧지만 진실하고 매우 도움 되는 구절입니다. 삶에는 의식하든 의식하지 못하든 항상 투쟁이 있어 왔습니다. 수많은 세상 사람이 사회정의에 위배되는 일, 폭력, 전쟁 등에 맞서 싸우면서 살아갑니다. 아무리 잘사는 나라라 해도, 물질적인 편안함을 누리는 운 좋은 나라라도 고통 받는 사람들은 있습니다. 돈이 없다고 못생겼다고 머리가 나쁘다고 불행해합니다. 인간관계가 잘 풀리지 않거나 깨달음을 얻지 못해 걱정하는 이도 있습니다. 많은 사람이 화, 증오, 판단 때문에 괴로워합니다. 이 모든 문제는 우리가 누구인지 우리가 무엇인지에 대해 잘못된 생각을 가지고 있기에 생기는 것입니다. '자신'이라는 생각, '나'와 '내 것'이라는 생각으로부터 마음속 투쟁이 벌어집니다. 의식 속에서 지독한 번뇌를 만들어 내는 주범이 바로 그 생각들입니다.

자신을 넘어설 때 비로소 모든 것을 넘어서게 됩니다. 살면서 마주치는 갖가지 투쟁을 넘어서게 됩니다. 명상할 때 자신을 녹여 없앨 준비가 제대로 되어 있지 않다면 우리는 명상을 하면서도 싸우고 있는 셈입니다. 우리의 자아가 투쟁하고 있습니다. "깨닫고 싶어. 난 지금 저 사람이 말하는 그 지극한 행복을 누리고 싶다고. 기분 좋은 상태를 알고 싶어. 황홀경에 빠지고 싶지만 잘 되지 않아. 정해진 명상 시간이 끝나 가. 자신을 넘어서고 싶지만 잘 안되네. 그래서 우울해. 난 싸우고 있어."

이런 투쟁은 삶의 곳곳에서 비일비재하게 일어납니다. 자리에 앉아 명상할 때 우리는 신성하고 완벽하게 정신적인 무언가를 구하고 있으며 지고의 행복을 느낍니다. 반면에 때로 우리는 매우 진부한 삶을 삽니다. 목소리를 한껏 높여 전화 통화를 합니다. 누군가에게 화를 내기도 합니다. 하루 동안에 얼마나 여러 얼굴로 바뀌는지 정말 놀랍습니다. 명상하려고 앉아 있을 때 우리는 자못 거룩합니다. 그러나 꽉 막힌 도로에서 운전대를 잡고 통화 중일 때 갑자기 다른 차가 앞쪽에 끼어들면 우리는 즉각 반응을 보입니다. 어쩌면 욕설을 내뱉을 수도 있습니다. 이 경우 우리는 불과 몇 시간 전 평화롭게 앉아 명상하던 사람과는 전혀 다른 사람입니다. 핵심은 언제나 투쟁이 있다는 사실입니다. 여러 다른 형태로 투쟁이 벌어집니다. 명상할 때도 투쟁이 있고 명상하지 않을 때도 투쟁이 있습니다. 자아를 정말 있는 것으로 보는 한, 투쟁은 있습니다. 자아가 사라지면 우리는 이미 극락에 있는 것이며 더 이상 할 일이 없습니다. 할 것도 없고 얻을 것도 없습니다. 그러므로 남은 생 동안 외워야 할 주문이 있다면 이것입니다. "노 셀프, 노 프라블럼(내가 없으면 문제도 없다)." 명심하십시오. "노 셀프, 노 프라블럼."

 우리 마음 깊은 곳에는 강한 믿음과 진정한 바람 그리고 자신을 초월하고 싶다는 스러지지 않는 열망이 있습니다. 동시에 자아로 하여금 어떻게든 시간을 벌게 해 주려는 면도 있습니다. 자아는 완전히 사라지는 것을 두려워하여 어떻게든 시간을 끌며 사라지지 않으려고 온갖 방법과 전략을 구사합니다. 다른 것은 못하더라도 최소한 소멸을 늦출 수는 있습니다. 그렇기에 완전한 자유를 얻는 해탈의 순간을 계속해서 미루게 됩니다. 이 사실을 항상 유념하여 수행의 길에서 모든 걸림돌이 제거되기를 기도해야 합니다. 수행의 길에 있어 걸림돌은 사실 완전한 해탈을 이루지 않으려 버티는 자아의 저항입니다. 그것이 최후의 걸림돌입니다. 그러므로 자아가 우리 앞에 들이미는 모든 걸림돌과 방해물을 뛰어넘어 나아갈 수 있기를 기도합니다. 가능한 한 빨리 깨어날 수 있기를 또한 다른 모든 이들도 가능한 한 빨리 깨어날 수 있기를 기도합니다. 우리 한 사람 한 사람 안에 있는 지혜가 모든 걸림돌을 넘어설 수 있음을 제대로 깨달아야 합니다. 그러기 위해 힘을 키우십시오. 스스로 평화로운 전사가 되십시오. 우리 모두는 태어날 때부터 평화로운 전사입니다. 외부에서 맞서 싸울 것은 아무것도 없습니다. 평화로운 전사는 순수의식의 힘에 의해 내면의 적을 굴복시키는 영웅입니다.

6

받아들임의 문제

욕조의 더운물에 몸을 담근 채 샴페인을 마시며 파티를 즐기는 남부러울 것 없는 상황에서도 사람들은 삶에 대해 불평한다. 환상적인 시간을 누리면서도 바로 그 시간에 상상 속에서 고통과 갈등의 체험을 만들어 내는 것이다. 우리의 의식은 상상 속의 온갖 문제를 만들어 내는 공장과 같다. 엄청나게 큰 공장이다.

누구나 원치 않는 조건들 이를테면 질병, 불행, 노쇠, 죽음으로부터 진정으로 자유로워지고 싶어 합니다. 몇 주 전에 어떤 사람이 나이 먹는 문제에 대해 이야기를 해 달라고 내게 청했습니다. 표정으로 미루어 그는 바로 그 '노년'의 문제가 두려운 모양이었습니다. 인간의 몸으로 사는 한, 질병이나 노쇠 혹은 그 밖의 다른 문제로부터 완전히 자유로울 수 없습니다. 이따금 우리는 이런 상황을 지나치게 두려워한 나머지 공포증에 시달리기도 합니다. 공포증은 어떤 것을 강박적으로 심지어 이치에 맞지 않게 두려워하거나 무서워하는 증상을 가리키는 심리학 용어입니다.

완벽한 조건을 향한 이 원시적 갈망은 무엇입니까? 몸이 편안하기를 바라는 순간순간의 본능과 우리가 쉽게 부서지고 죽을 수밖에 없는 존재임을 늘 생각하도록 만드는 그 무엇으로부터 벗어나고 싶은 무의식적인 욕구의 혼합물입니다. 이 갈망으로 인해 우리 모두는 더없이 완벽한 생을 누리는 상상을 끊임없이 합니다. 직면하고 싶지 않은 상황이 전혀 없는 낙원에 머무르고 싶어 합니다. 그러나 인류 역사상 그런 낙원에 머무른 사람은 없습니다. 그럼에도 우리는 현실과 열심히 맞서 싸우면 언젠가는 이 이상적인 삶을, 원치 않는 조건과 상황들로부터 자유로운 삶을 손에 넣을 수 있으리라는 아이 같은 공상을 키워 갑니다. 어떤 사람들은 정말 열심히 현실과 싸웁니다.

어느 파티에 초대받아 간 적이 있습니다. 몇 사람이 욕조의 더운물에 몸을 담근 채 샴페인을 마시고 있었습니다. 그런데 남부러울 것 없는 상황에 있으면서도 그들의 대화 내용은 자신의 삶에 대한 불평이었습니다. 더할 나위 없이 훌륭한 만찬을 즐긴 후 뜨거운 물에 잠겨서 샴페인을 홀짝거리며 투덜대고 있었던 것입니다. 이 얼마나 큰 모순입니까? 그 자리에 모인 사람들은 모든 것을 가졌습니다. 세속의 쾌락을 누리며 환상적인 시간을 보내면서도 상상으로 만들어 낸 고통과 갈등까지 겪고 있지 않습니까. 그들이 불평하는 것들은 실제로 존재하지도 않았습니다. 괴로워할 만한 이유를 찾아봐도 당시 그들의 상황 어디에도 그런 것은 없었습니다.

인간이 갈등과 장애를 겪고 있다고 생각할 때 대부분 그것이 실제로 어디에 있는지는 찾아낼 수 없습니다. 왜일까요? 그것들이 의식 속에서만 버티고 있기 때문입니다. 의식은 상상 속의 온갖 문제를 만들어 내는 공장과 같습니다. 엄청 큰 공장입니다.

환경오염을 두려워하는 사람이 많습니다. 마땅히 그래야 합니다. 그들은 자동차, 공장으로 인한 대기오염을 두려워합니다. 그러나 깨어나지 않은 의식이야말로 그 어떤 것보다 심각하게 마음을 오염시키는 요소입니다. 의식 속에 공장이 하나 있어 끊임없이 상상 속의 문제들, 상상 속의 갈등이라는 오염 물질을 배출하고 있음을 머릿속으로 그려 보면 쉽게 이해할 수 있을 것입니다. 자아가 하루 종일 하는 일이 바로 이것입니다. 그러니 사람들이 괴로워하는 것은 당연합니다.

우리는 의식적으로든 무의식적으로든 언제나 괴로움을 겪습니다. 현실에 맞서 싸우면 꿈꿔 온 것이 성취되리라는 그릇된 믿음을 가지고 있기 때문입니다. 노쇠, 교통사고, 빈곤, 질병, 통증 등 원치 않는 조건을 모두 면한 삶을 살 수 있다는 아이 같은 공상을. 어쩌면 이것을 이룰 수 있을지도 모릅니다. 만약 아주 오래 살아서 먼 훗날 사오십 년 전을 돌이켜 본다면 지금 씨름하고 있는 문제는 그저 추억거리가 될 것입니다. 그때 우리가 맑은 정신으로 깨어 있어 서로 이런 말을 할 수 있기 바랍니다. "난 참 어렸지. 모든 것이 이미 공인데 말이야. 그렇게 모든 것을 심각하게 받아들일 필요가 없었어." 언젠가 우리는 이렇게 말할 수 있을 것입니다.

불교에서는 외부의 장애와 내부의 장애 다시 말해 외적 방해물과 내적 방해물이 있다고 이야기합니다. 외적 방해물은 우리 모두가 맞닥뜨리는 물리적인 방해물입니다. 이는 지진, 피로, 치통, 자동차 바퀴의 펑크, 그 밖에 우리가 원하는 바를 가로막는 모든 것을 이릅니다. 외적 방해물과 맞닥뜨리지 않아도 되는 행운을 타고나는 사람은 없습니다. 인간은 매일 끊임없이 외적 방해물과 마주치며 삽니다. 아침에 잠에서 깨는 순간 코가 막혀 있습니다. 외적 방해물입니다. 화장실 변기 물이 잘 내려가지 않습니다. 이것도 외적 방해물입니다. 손톱이 길었는데 손톱깎이가 어디 있는지 찾을 수 없습니다. 이 역시 외적 방해물입니다. 이런 것들은 사소한 방해물입니다.

하지만 가끔씩 삶에 중대한 위기가 닥치기도 합니다. 중병에 걸릴 수도 있고 먹을거리를 살 돈이 없을 수도 있습니다. 이 같은 일은 우리 주변에서도 어느 정도 일어나고 있지만 몇몇 나라에서는 거의 모든 사람이 하루하루 끼니를 잇기 힘들 정도로 빈번하게 발생합니다. 먹을거리가 전혀 없거나 살 돈이 없는 것입니다. 부모가 자식을 먹여 살리지 못합니다. 당장 오늘 저녁거리가 막연한 형편입니다. 그런 사람들은 거리에 나가서 구걸해야 합니다. 입에 풀칠할 무엇이라도 얻는 것이 그들의 유일한 희망입니다. 적어도 우리는 먹을거리 걱정은 없는 사람들입니다.

사랑하는 이의 죽음 같은 큰 위기가 닥칠 때 이런 외적 방해물은 감당하기 힘든 일이 될 수 있습니다. 살다 보면 병들 수도 있고 몸이 필요로 하는 것을 충족시키지 못할 때도 있습니다. 정신적 깨달음이나 수행에 대해 전혀 생각한 적이 없거나, 밀라레

파(1040~1123 티베트 불교의 큰 성자이자 시인. 그의 전기와 시는 티베트 불교에서 가장 사랑받는 작품 가운데 하나이다)나 마칙 랍드론(1055~1153 티베트의 위대한 여성 성자. 망상을 단숨에 잘라 버리는 '초드' 수행법을 가르쳤다) 혹은 나의 스승 추르 로 라마 같은 특출한 사람이 아닌 이상, 그런 상황에 처하게 되면 몹시 힘들어합니다.

추르 로 라마는 척추 기형으로 고통을 겪었습니다. 허리가 완전히 굽어 똑바로 설 수 없었으며 걸을 때는 언제나 지팡이를 짚었습니다. 그의 외모는 그리스 신화에 나오는 미소년 아도니스와 정반대였습니다. 게다가 수중에는 돈 한 푼 없었습니다. 그렇지만 그는 진정으로 만족했고 매우 행복해했습니다. 큰 깨달음을 얻었지만 무척 겸손했으며 사람들이 자기를 특별하거나 성스러운 이로 보지 않고 지극히 평범한 사람으로 봐 주기를 바랐습니다. 이런 큰 스승들처럼 참된 깨달음을 얻으면 모든 것을 초월할 수 있습니다. 질병도 초월할 수 있습니다. 상상할 수 있는 모든 문제를 초월할 수 있으며 심지어 상상할 수 없는 문제들까지도 초월할 수 있습니다. 완전히 해탈해 변화하고 꾸준한 정진의 힘으로 마음이 깨어 있는 사람이라면 초월하지 못할 삶의 위기나 조건은 단 하나도 없습니다. 내적 해탈을 이루지 못한 보통 사람의 경우, 외적 방해물을 초월하기가 너무도 힘들어 자칫하면 해탈로 가는 길에서 아예 멀어져 버릴 수도 있습니다.

수행이 모든 문제를 해결해 줄 것이라 생각하는 사람이 많습니다. 이렇게 유치하고 터무니없는 희망과 상상을 우리는 항상 품고 다닙니다. 우리와 정신의 관계가 대개 무의식적인 어떤 힘의 지배를 받기 때문에 그렇습니다. 수행의 길이란 우리가 바라는 대로 딱 맞아떨어지는 사업이 아닙니다. 그것은 잠시도 마음을 놓을 수 없을 만큼 힘들고 고통스러우며 또한 상쾌하고도 황홀한 여행길입니다. 이보다 복잡한 것이 어디 있겠습니까?

우리가 방어기제를 쌓아 올리는 한, 변화란 영영 일어나기 힘든 일일 것입니다. 그리고 정신적인 가면을 쓴 방어기제는 이제 한 겹 한 겹 벗겨 나갈수록 더욱 미묘한 부정의 막을 형성합니다. 흡사 우리가 다시 아이가 되어 스스로를 책임질 필요가 전혀 없는 새 요람을 찾은 것과 같습니다. 그 요람에서 엄마와 아빠는 우리를 영원히 돌봐 줄 전지전능한 신이나 스승의 모습으로 나타납니다. 책임지지 않아도 된다는 말만큼 만족감을 주는 것은 없습니다. 그런 힘에 홀딱 넘어가는 체험은 너무도 호사스럽고 달콤합니다. 직무 유기는 정말 솔깃한 제안입니다. 그러나 이 요람은 제대로 된 요람이 아닙니다. 얼마 안 있어 우리는 그 한계와 맞닥뜨리게 됩니다.

수행의 길에 들어서면 수행을 한다고 해서 문제가 전부 해결되는 것이 아님을 알게 됩니다. 시간이 지남에 따라 수행이 삶의 문제를 결코 쉽게 해 주지 않는다는 것을 알아차리게 될 것입니다. 요술 지팡이 같은 것은 있을 수 없기에 수행을 시작할 때 가졌던 초심을 잃는 일도 비일비재합니다. 수행이란 우리의 모든 문제를 해결해 주는 것이 아닙니다. 이 사실을 빨리 알수록 그만큼 실망도 덜합니다. 이 모든 망상을 놓아 버려야 합니다. 일찍 놓을수록 좋습니다. 망상에 매달려 있으면 실망의 구렁텅이에 빠지게 마련이고 이것은 마음이 깨어나는 데에 엄청난 방해물이 됩니다. 수행 길에서 완전히 멀어질 수도 있습니다. 그러므로 이 사실을 반드시 기억하고 수행의 길이 모든 문제를 해결하는 명약이나 해독제가 아니라는 시각을 확실히 지녀야 합니다.

수행이 우리가 원치 않는 조건을 모두 없애 주지는 않습니다. 수행의 길을 간다고 해서 모든 이에게 사랑받을 수 있는 것도 아닙니다. 세상과 우리의 관계는 수행 전이나 수행 후나 다름이 없을 것입니다. "아, 본격적으로 수행하신다고요? 이제 전보다 훨씬 잘해 드릴게요. 꽃도 보내 드리고요. 당신이 가는 곳마다 무지개를 띄워 드리지요. 당신이 걷는 곳마다 왕의 전용로처럼 멋진 길을 깔아 드릴게요." 아무도 이런 말을 해 주지 않습니다. 오히려 수행의 길에 들어서면 세상 살기가 더욱 힘들어지는 것 같기도 합니다. 그 길이 자신을 깨어 있게 하기 때문입니다. 수행은 환상에 쏟아부은 모든 것을 포기하라고 요구합니다. 성장은 고통스러운 일일 수 있습니다.

"당신이 염원하는 바로 그것을 조심하라."는 말이 있습니다. 조심해야 하는 이유는 무엇인가요? 우리가 해탈을 염원한다면, 그것도 바로 지금 해탈하기를 염원한다면 세상이 격노하여 공격적으로 나올 수도 있기 때문입니다. 세상이 우리에게 난관과 방해물을 들이민다면 그것은 운 좋게도 그동안의 모든 반응과 습관과 사고의 틀과 업의 굴레를 빠져나갈 기회를 가지게 되었다는 의미입니다. 우리는 이 모든 허망한 조건들 위로 올라서서 붓다의 마음 즉 지극히 행복한 알아차림을 지속해 갈 수 있습니다.

그러므로 어떻게 해서라도 깨달음을 찾고야 말겠다는 결심이 섰다면 난관과 도전에 맞부딪쳐 정면 돌파할 때도 있다는 사실을 미리 각오하고 그에 합당한 준비를 해야 합니다. 이 도전은 비단 외적 방해물만이 아니라 내적 방해물까지 다 포함합니다. 여기에는 의심, 화, 비합리적인 감정, 우울 등의 체험도 포함됩니다. 붓다 역시 깨닫기 전에 큰 도전에 맞닥뜨렸습니다. 그는 완전한 깨달음을 얻기 직전, 자신이 마라의 군대 즉 '마군'에게 기습당하는 모습을 명상 중에 보았습니다. 마라를 물리치느냐 마라에 완패하느냐를 선택해야 하는 결정적인 순간이었습니다.

여기서 질문은 바로 이것입니다. 일상생활의 외적인 측면 곧 외부 조건을 과연 어떻게 다룰 것인가? 답은 '받아들임'입니다. 있는 그대로 받아들이는 법을 배워야 합니다. 이것이 제1의 목표입니다. 수행하는 자의 첫 번째 목표입니다. 때로 우리는 그렇게 하기도 합니다. 그러나 티베트의 위대한 성자 파트룰 린포체(1808 ~1887 동티베트 출신의 활발한 저술가이자 해설가로 〈내 완전한 스승님의 말씀〉의 저자)가 말했듯이 "당신들은 배부르고 등 따뜻하면 성자처럼 행동한다. 하지만 나쁜 일이 닥치면 여느 때와 다름없이 행동한다." 이 말이 무슨 뜻이겠습니까? 삶이 순탄할 때 이런저런 상황을 그대로 받아들이기란 쉽습니다. 반면에 기대가 좌절되면 눈 깜짝할 사이에 성자처럼 행동하던 평정심을 잃습니다. 일이 생각했던 것과 다른 방향으로 전개될 때 있는 그대로 받아들이기란 매우 어려운 일입니다. 어떤 상황에서도 마음속에 간직하고 있어야 할 원칙, 정신적인 가르침은 매 순간 활짝 열려 있는 법을 배우라는 것입니다. 받아들일 자세가 되어 있지 않을 때 우리는 완전히 자아의 손아귀에 있는 셈이며 그 어떤 것도 받아들이지 못합니다. 심지어 우리가 지구에 산다는 사실조차 거부하려 듭니다. 그렇다 한들 우리가 할 수 있는 일은 아무것도 없습니다.

자아가 문제입니다. 이따금 자아는 쉴 새 없이 성질을 부리는 응석받이 아이처럼 버릇이 없습니다. 어떤 때는 상황을 거부하려 듭니다. 자신이 누구인지 받아들이려 하지 않습니다. 현재의 생활도 불평 없이 받아들이지 않습니다. 그래서 어떻게 할까요? 우리가 할 수 있는 일은 없습니다. 때때로 자아는 하늘이 푸르다는 사실조차 받아들이지 않지만 그런 경우에도 우리가 할 수 있는 일은 없습니다. 또 다른 때에 자아는 우리가 자연재해, 지진, 홍수 그리고 천재지변이 만연한 이 지구에 살고 있다는 사실도 받아들이지 않습니다. 그러나 우리가 할 수 있는 일은 그저 받아들이고 흐름에 몸을 맡기는 법을 배우는 것입니다.

있는 그대로 받아들일 때 모든 것을 모든 사람을 사랑할 수 있습니다. 바로 지금 이 세상에서 단 한 가지도 받아들일 수 없는데 어떻게 한없는 사랑을 키울 수 있겠습니까? 받아들임이 없는 상태가 갈등입니다. 갈등은 고통입니다. 심리적 통증입니다. 마음의 병입니다. 이 고통에 시달리는 한, 다른 것에 마음을 돌릴 여력이 없습니다. 내적 깨달음이 일어날 수 없습니다. 깨달음이란 한없는 사랑의 다른 이름일 뿐입니다.

자신의 삶에 일어나는 수많은 문제에 대해 의미 있는 방법으로 고민해 보지 않고는 살아 있는 모든 존재에게 자애를 실천하기란 불가능합니다. 그렇게 되는 것이 오히려 이상합니다. 있는 그대로 받아들일 수 없어서 괴로울 때 마음은 열리지 않습니다. 모든 방어 수단을 단념하고 다른 사람을 포용하게 되기란 불가능한 일입니다. 그러므로 끊임없이 알아차림을 실천하고 그것이 깊어지도록 해야 합니다. 있는 그대로 받아들이기를 잊지 않도록 스스로를 다독여야 합니다. '마음 수행'이라는 가르침은 이 모두를 아우릅니다. 불교에서 마음 수행은 이러한 시각을 견지하면서 '있는 그대로 받아들이겠다'는 구절을 암송하는 일까지를 말합니다.

아침마다 이를 되새기는 내용을 글로 쓰는 학생이 있습니다. 그가 내게 말했습니다. "오늘의 수행은 있는 그대로 받아들이는 것입니다." 때로는 이렇게 쓰기도 합니다. "오늘 나의 수행은 모든 사람을 사랑하는 것입니다." 또 "오늘의 바람은 화내지 않는 것. 다른 사람을 판단하지 않는 것. 모든 것에 감사하는 것." 이런 식입니다. 이 놀라운 생각은 수행에 임하는 그의 충실한 마음에서 온 것입니다. 이처럼 우리는 가르침, 깨달은 시각을 거듭 입으로 되새기고 몸으로 실천하는 데에 마음을 써야 합니다. 그리고 이렇게 말해야 합니다. "나는 모든 것을 받아들이겠습니다." 그렇게 할 때 더 이상 어떤 문제도 없습니다. 모든 문제가 바로 그 자리에서 녹아 없어집니다.

아주 작은 것 하나조차 받아들이지 못할 때 작은 문제는 큰 문제가 됩니다. 하잘것없는 문제를 받아들이지 못했을 뿐인데도 마음의 평화가 완전히 깨져 버릴 수 있습니다. 외출하려고 거울을 들여다보았더니 문득 흠잡을 거리가 눈에 들어왔다고 해 봅시다. 옷차림에서 어떤 점이 잘못되었습니다. 머리 모양이 마음에 들지 않습니다. 아니면 전체적인 모양새는 괜찮지만 머리카락 한 올이 뻗쳐 있습니다. 이쪽으로 뻗친 것을 저쪽으로 넘기고 싶어 계속해서 머리카락을 만지작거립니다. 이 사소한 일도 심각하게 받아들이면 충분히 하루를 망치는 일이 될 수 있습니다. 처음에는 전혀 문제 될 것이 없습니다. 그런데 이렇게 생각하는 것입니다. '머리카락 하나가 이쪽으로 뻗치다니 마음에 안 들어.' 마음은 매사를 과장하는 경향이 있습니다. '머리카락이 엉뚱한 쪽으로 뻗쳐 있다니 정말 싫어. 마음에 안 들어. 아, 지긋지긋해.' 이런 어두운 마음이 점점 커져서 미처 알아차릴 틈도 없이 온 신경이 어두컴컴하고 해로운 생각 쪽으로 쏠리게 됩니다. 그러면 화가 납니다. 사람들에게 목소리를 높이기 시작하고 상대방 또한 소리소리 지르며 대꾸합니다. 별것도 아닌 일을 큰 문제로 만들어 버린 것입니다. 이 이야기가 터무니없게 들릴지도 모르겠습니다. 하지만 세상 사람 대부분은 이렇게 살고 있습니다. 보통 우리는 생각의 지배를 받습니다. 자기 집에 살면서도 스스로의 주인이 아닌 것입니다.

소소한 문제뿐만 아니라 큰 문제까지 모두 받아들이면 그것들을 다루기가 무척 쉬워집니다. 죽음을 눈앞에 두고도 자비심과 깨달음의 기쁨을 간직할 수 있었던 위대한 스승들처럼 우리 역시 그렇게 될 수 있습니다. 지극한 행복 속에서 이 생을 마친 깨달은 사람에 대한 이야기는 많습니다. 그들에게 해결되지 못하고 남아 있는 문제는 없습니다. 죽음은 끝이 아니라 집에 돌아가는 일 같은 것입니다. 궁극적으로는 죽는 사람조차 없습니다. 그러나 작은 자아를 여전히 자신과 동일시할 때 죽음은 매우 절박하게 다가옵니다.

수행자로서 도전을 자초할 필요까지는 없더라도 맞닥뜨린 도전은 기쁘게 받아들이십시오. 문제를 찾아다니라는 뜻이 아닙니다. 그것은 우리가 할 일이 아닙니다. 그러나 문제가 일어났을 때 저항하지 않고 받아들이는 법을 알아야 합니다. 위기가 닥쳐도 기뻐하며 '아, 지금이야말로 싫어하는 것을 받아들이는 법을 실천할 절호의 기회로군. 내 인생의 지금 이 순간에 이 조건을 받아들일 수 있다면 앞으로 어떤 두려움이나 불안도 다 뛰어넘을 수 있을 거야. 이 위기는 사실 축복이지.' 이렇게 생각해야 합니다. 불청객처럼 도전이 찾아올 때는 넙죽 엎드릴 정도가 되어야 합니다. 실제로 그런 일이 생길 때 감사해야 합니다. 그런 의미에서 수행자로서 삶 전체를 실천의 장으로 구도의 길로 삼아야 합니다. 삶이란 우리가 걷는 길입니다. 아침에 눈뜰 때부터 밤에 잠들 때까지 우리 인생 전체가 받아들임, 인내, 관용, 용서, 알아차림, 마음챙김을 계발할 기회로 가득 차 있습니다.

진정한 마음 수행을 실천하는 데 있어 장소는 관계없습니다. 굳이 사찰이나 수행처에 머무를 필요가 없는 것입니다. 인생에는 배우고 성장할 기회가 헤아릴 수 없이 많습니다. 내 친구 한 명이 암으로 죽었습니다. 어려움을 겪을 때면 그는 이렇게 말했습니다. "이건 기막힌 성장의 기회야." 이 말은 거룩한 주문과도 같았습니다. 희한한 주문이지만 그에게는 효과가 있었습니다. 삶의 마지막 몇 달 동안 그가 춤추고 노래하던 기억이 납니다. 그는 아무것도 두렵지 않다고 했습니다. 죽어 가면서도 완전히 평화로운 그의 곁에 나는 앉아 있었습니다. 마치 잠든 어린아이 얼굴을 보는 느낌이었습니다. 티 없는 순수함이 거기 있었습니다.

내적 방해물은 보다 내밀한 문제들입니다. 계속해서 되돌아오는 심리적 정신적 문제들을 떠올려 보십시오. 이 문제들은 해결했다고 생각해도 끊임없이 다시 찾아옵니다. 이제 남은 문제가 전혀 없다고 느낄 때도 무의식 속에 숨은 악마처럼 이 방해물들은 다시 나타납니다. 분노의 악마, 의심의 악마, 고독의 악마, 지겨움의 악마, 이런 악마들은 완전한 깨달음에 가까워 갈 때면 어김없이 우리를 찾아옵니다. 그것들을 어떻게 다루어야 할까요? 이 모든 악마는 실재하는 것이 아님을 알아야 합니다. 이런 시각을 늘 지니십시오.

자신이 상황이나 업에 얼마나 단단히 매여 있는지 모르겠다는 사람들의 이야기를 종종 듣습니다. 그들은 일이 흘러가는 방향을 바꾸고 싶다고 말합니다. 어려운 일이 연달아 생길 때 특히 그렇습니다. 실직했는데 이혼까지 했다든가, 병에 걸렸는데 사고까지 당했다든가, 감정상의 큰 변화로 만신창이가 되었다든가 하는 경우에 말입니다. 사실 업이란 불행이 모인 것이 아닙니다. 내적 장애물들이 모인 것입니다. 생각의 틀과 고질적인 습관으로부터 업이 생기며 이것을 없애는 일은 가능합니다. 요컨대 업은 실재하는 것이 아닙니다. 업도 환상입니다.

붓다는 모든 것이 공이라고 가르쳤습니다. 인생의 문제들은 겉보기에는 끝이 없고 끊임없이 다시 생겨나는 것 같아도 실은 비어 있는 것이며 업 역시 빈 것입니다. 업은 실재하는 것이 아닙니다. 어떤 사물이 아닙니다. 지적하고 깨부수고 불태울 수 있는 실체가 아닙니다. 업은 내적인 것입니다. 마음의 상태라는 말입니다. 믿음 체계, 생각, 고통, 화가 모두 축적된 것이 업입니다. 업은 몇 생을 거슬러 올라갑니다. 그것은 자신이 누구인가 하는 순수한 핵심 즉 진리를 깨달아야만 정화될 수 있습니다. 업은 뇌나 그 밖의 신체 기관에 생긴 종양 덩어리처럼 수술로 제거할 수 있는 실체가 아닙니다. 인도에 이런 이야기가 전해 내려옵니다.

어느 브라만 가문에 매우 믿음 깊은 여인이 있었습니다. 그녀는 전통대로 업과 더러움을 정화하기 위해 하루에도 수차례 몸을 씻었습니다. 매일 성스러운 강물에서 몸을 씻는 의식을 치렀습니다. 어느 날 강둑을 지나던 성자가 그녀에게 말을 건넸습니다. "그렇게 물로 몸을 씻기만 해서는 당신의 죄와 업을 정화할 수 없습니다. 씻어서 업이 정화된다면 강에서 고기 잡는 어부들은 벌써 다 깨달았을 것이오." 성자의 말에 충격을 받은 그녀는 몸을 씻다 말고 물었습니다. "그럼 어떻게 하는 것이 참된 정화의 방법인가요?" 성자는 답했습니다. "애쓰지 않는 것." 그 말대로 하여 그녀는 깨달음을 얻었다고 전해집니다.

진정한 명상이란 노력 없이 어느 것도 굳이 없애려 하지 않는 상태에 그저 머무는 기술입니다. 마음을 있는 그대로 놓아둘 때 아무것도 우리를 매어 놓을 수 없음을 알게 됩니다. 아무것도 하지 않아도 된다는 것을 알아차릴 때 우리의 생각은 잔물결 같고 의식은 대양 같습니다. 실제로 업은 생각 그 이상의 아무것도 아닙니다. 우리가 생각을 자신과 동일시하면 생각은 업을 형성합니다. 의식에 떠오르는 것은 무엇이든, 나쁜 생각이든 좋은 생각이든 붙잡으려 들지 마십시오. 그저 지켜보십시오. 대양의 수면에서 물결을 지켜보듯이. 생각은 일어났다가 반드시 스러집니다. 어떤 노력도 기울이지 말고 마음을 관찰하십시오. 애써 노력하지 않고 그대로 두는 것 곧 무위의 방법이라 불리는 이것을 잊지 마십시오. 마음의 자연스러운 상태를 바꾸려고 하지 마십시오.

때로 우리는 긍정적인 생각이 일어나는 것을 경험합니다. '오늘은 멋진 날이야. 나는 잘나가고 있어.' 혹은 '난 정말 대단해.

착하고 완벽한 사람이야.' 이런 것들은 마구잡이로 일어나는 긍정적인 생각입니다. 그런 생각들을 즐기되 자신과 동일시하지는 말아야 합니다. 한편 이런 생각이 들 때도 있습니다. '난 정말 한심해. 최악 중의 최악이야. 끔찍한 날이네. 온 세상이 나를 거부하잖아.' 이 역시 생각에 불과하며 단지 부정적인 생각일 뿐입니다. 무위의 방법이 이르는 대로 어떤 긍정적 생각에도 집착하지 말고 어떤 부정적 생각도 없애거나 변화시키려 애쓰지 마십시오. 그 생각들로 인해 자신이 변하지 말고, 그것들을 관찰하고 지켜보십시오. 마치 수면에 일어났다 스러지는 물결을 바라보듯이. 생각이나 물결은 모두 사라집니다. 그렇게만 할 수 있다면 부정적인 것도 없어지고 고통도 없어집니다. 이 또한 좀 더 미묘한 형태의 받아들임이라 하겠습니다. 이것을 머무름의 방법이라고 부릅니다. 신심 깊은 브라만 여인의 이야기를 되새겨 보면 '애쓰지 않는' 방법을 통해 그녀가 완전히 깨달았음을 알 수 있습니다.

우리가 문제 한복판에 있고 수천 가지 생각이 머릿속으로 빠르게 스쳐 지나간다고 상상해 봅시다. 우리는 바짝 경계할 것이며 어쩌면 겁을 먹을 것입니다. 어쨌든 우리라는 작은 존재는 강물에 뜬 나뭇잎에 붙어 함께 휩쓸려 떠내려가는 작은 벌레처럼 이 무한한 우주에 녹아들어 있습니다. 흔히 처하는 상황입니다. 그런데 이 모두는 우리 머릿속에서만 일어나는 일입니다. 생각들은 허락도 구하지 않은 채 우리를 싣고 내달립니다. 우리는 그 생각들에 유혹받고 제압당합니다. 그러면 어떻게 해야 할까요?

놀라지 마십시오. 아무것도 할 필요가 없습니다. 그저 지켜보고 지금 이 순간에 있기만 하면 아무 일도 일어난 적 없는 고요하고 평화로운 공간에 우리가 있음을 알게 됩니다. 머릿속의 생각을 믿고 그것에 따라 반응하다 보면 우리는 업을 짓고 그 업에 매이게 됩니다. 자신의 생각을 신뢰하면 그 생각에 따라 행동합니다. 그러나 아무것도 하지 않아도 된다는 것을 알아차리기만 하면 여러 생 동안 쌓인 마음속 문제는 모두 사라집니다. 이 얼마나 간단합니까. 특별히 무언가를 배울 필요가 없습니다. 이것이 바로 자유롭고 즐거운 삶의 비밀입니다.

집 안이나 마당에 붓다의 그림이나 상을 놓아두는 사람이 많다는 사실을 알고 있습니까? 불상이나 탱화를 곁에 두는 것과 그 사람이 불교도인지의 여부는 아무 상관이 없습니다. 그렇게 하는 것은 이런 이미지들이 보는 이에게 편안한 휴식의 느낌과 아무것도 하지 않아도 괜찮다는 마음을 불러일으키기 때문입니다. 특별히 종교적인 것은 없습니다. 보편적인 반응입니다.

언젠가 한 여성이 주말 명상 수행 프로그램에 참가한 적이 있습니다. 매우 열정적인 그녀는 나와 대화하면서 업을 정화하고 깨달음을 얻고 싶다는 바람을 드러냈습니다. 당시의 명상 프로그램은 무위의 알아차림에 관한 것이었습니다. 그녀가 물었습니다. "다음 단계는 무엇인가요?" 내가 대답했습니다. "다음 단계 같은 것은 없습니다. 이게 그것입니다." 그녀는 약간 당황한 눈치였습니다.

많은 수행자들이 이미 하던 수행이 있는데도 이런저런 심오한 수행을 새롭게 시작하는 덫에 빠집니다. 이렇게 해 봐야 더 산만해질 뿐입니다. 목표에서 완전히 빗나갈 수도 있습니다. 이런 식으로 자아는 업이라는 눈덩이를 굴려 점점 크게 만듭니다. 이 경우에 들어맞는 속담이 있습니다. "뱀에게 공연히 다리를 만들어 붙일 필요가 없다." 일을 복잡하게 만들려 하지 말라는 것입니다. 깨달음으로 가는 길은 단순하고 명쾌합니다. 그것은 모든 믿음 체계와 어리석은 행위를 부수고 초월하는 일입니다. 이미 많은 사람이 깨달음에 매달려 왔으며 깨달음을 찾아다니기란 무척 버거운 일일 것입니다. 깨달음이 우리에게 찾아오게 하십시오. 햇살이 집 안 가득 들어오게 하는 유일한 방법은 커튼이나 창문을 활짝 여는 것입니다. 바로 그렇게 가슴과 마음을 열어젖히고, 자꾸 달아나려는 깨달음을 굳이 붙잡으려 하지 않으면 됩니다.

7

참본성과 하나 되기

우리는 항상 어떤 상황에 빠져 자기를 잃는다. 자신이 누구인지 알지 못하기 때문이다. 대개 우리는 페르소나를 자신이라고 생각한다. 페르소나는 우리가 맡은 역할에 불과하다. 옷을 입는다고 해서 우리가 곧 옷은 아니다. 몸에 옷이 필요하듯 우리에게는 페르소나가 필요하다. 집착하지만 않는다면 멋진 옷을 입은들 문제 될 것이 없다.

　우리는 끝없이 찾고 구합니다. 어떤 이는 신을, 어떤 이는 스승을, 또 어떤 이는 영혼의 동반자를. 근본적으로 이것은 오래도록 사라지지 않는 괴로움입니다. 그 밑바닥에는 우리 존재가 우주 혹은 신성한 것으로부터, 우리에게 반드시 필요한 무언가로부터 분리되었다는 생각이 도사리고 있습니다. 만약 우리가 자신 속으로 깊이 들어가 살펴본다면 핵심이 텅 비어 있음을 알게 될 것입니다. 텅 비었기 때문에 고독, 절망, 혼란이 생깁니다. 이러한 내면의 공허를 채우기 위해 사람들은 세속적 목표를 달성하기도 하고 재미있는 일에 정신을 팔기도 하며 삶에 의미를 찾으려고 합니다. 이런 방법 중에 어떤 것은 잠시 잠깐 심리적 반창고 역할을 할 수도 있습니다. 약간의 위안이야 얻겠지만 오래지 않아 괴로운 상태가 되돌아옵니다. 그런데도 우리는 제대로 된 것만 찾아내면 언제까지나 행복하게 살 수 있을 것이라고 집요하게 희망을 품습니다. 그런 헛된 꿈을 좇고 있다면 매 순간 충실히 사는 것이 아니라 그렇게 살 준비만 하고 있는 것입니다. 미래의 어느 날 실현하고 싶은 이상적인 삶을 준비하고 있을 뿐입니다. 지금 여기에서 순간순간 완전히 살고 있는 것이 아닙니다. 끝없이 찾기만 하는 삶은 순간순간이 낭비입니다. 우리 삶은 준비로 채워지고 이는 마음이 깨어나지 못하면 죽는 순간까지 계속됩니다.

내일은 고사하고 바로 다음 순간에 살아 있으리라는 보장은 어디에도 없습니다. 지금 쉬는 이 숨이 마지막 숨일 수도 있습니다. 그러므로 바로 지금이 충만하게 살 때입니다. 찾아 헤매고 있는 모든 것을 이미 얻은 듯이 살아야 합니다. 자아에게는 이 말이 논리적으로 들리지 않습니다. 자아는 따질 것입니다. 아직 생의 진정한 의미를 얻지 못하지 않았느냐고. 앞으로도 계속 찾아야만 하는 것 아니냐고. 지금 당장 완전히 살아서는 안 된다고. 정신적인 것에 치중하는 사람이든 평범한 사람이든 간에 우리는 모두 삶의 참의미를 찾고 있습니다.

삶의 의미는 인간의 온갖 노력의 목표이자 종교적 철학적 가르침의 핵심 주제입니다. 우주에 가득한 환상을 성취하지 못했다는 느낌이 들 때 우리는 한없이 슬퍼집니다. 너무도 고통스러운 나머지 견디다 못해 자해나 자살까지 합니다. 그런데 실패란 어디에서 올까요? 우리가 어떤 식으로든 참목적을 달성하지 못했다고 믿는 데서 옵니다. 그렇다면 우리가 완전한 만족을 얻을 수 있을까요? 그것은 확실치 않습니다. 이러한 불확실성은 삶의 구석구석까지 널리 퍼져 있습니다.

바깥의 어떤 것도 진정한 성취를 가져다줄 수 없다면 과연 어디를 향해 가야 합니까? 이는 매우 강력한 물음으로, 삶을 완전히 바꿔 놓을 만한 것입니다. 붓다를 위대한 깨달음의 길로 이끈 것이 바로 이 질문입니다. 우리는 스스로 이 질문을 거듭했을 것이고 가능한 모든 답을 떠올렸다가 지워 버리곤 했을 것입니다. 정신적인 해답이라 여겨지는 것들조차도 부적절한 해결책이라 제쳐 놓을 수 있어야 합니다. 더욱 그럴듯한 환상에 매달리게 될 수도 있기 때문입니다. 문제에 대한 해법으로 온갖 멋진 환상들이 제시됩니다. 주변을 둘러보십시오. 사회가 각양각색의 번지르르하고 그럴싸한 답을 내놓고 있습니다. 잡지와 텔레비전에는 내면의 공허감을 떨치는 해법이랍시고 선보이는 상품들로 그득합니다. 또한 우리는 관습적인 믿음과 가치 체계에 매수당한 사람들과 관계 맺으며 살고 있기에 너무도 쉽게 그 덫에 걸려듭니다.

진정한 수행의 길이란 세상에 역행하는 길이 아닙니다. 세상이 제공하는 수많은 환상에 빠져 헤매지 않는 것입니다. 대개 우리는 일에 관계에, 또 무언가 성취하고 완성한다는 생각에 빠져 길을 잃습니다. 지난 삶을 돌아보며 그때는 이런저런 것들에 빠져 정신이 없었다고 말하곤 합니다. 우리는 항상 어떤 상황에 빠져 말 그대로 자신을 잃습니다. 어느 때는 더 이상 삶을 즐기는 법조차 잊을 정도로 일에 몰두합니다. 비현실적인 성공의 꿈에 매달려 타인과 피나는 경쟁을 하고 혹여 일자리를 잃을까 마음 졸이며 살기에 괴롭고 고달픈 것입니다. 날마다 이런 백일몽에 빠져 헤매는 사람은 대단히 많습니다. 지금 당장 자신의 삶을 살펴보면 모두가 이미 어딘가에 빠져 스스로를 잃고 있음을 알게 될 것입니다. 심각한 내적 갈등을 일으키는 일에 빠져든 자신을 볼 수도 있습니다. 스스로를 잃고 있다는 느낌은 자신이 누구인지 곧 자신의 참본성이 무엇인지 모른다는 사실과 깊이 관련됩니다. 우리는 물론 알고 있다고 주장하겠지만 실제로는 항상 어떤 대리물에 매달려 그것이 자신이라고 생각하고 있습니다. 궁극적으로 이 모든 문제는 우리가 누구인지를 모르는 데서 비롯됩니다.

자신이 누구인지 알고 싶어 하는 것은 모든 이의 뿌리 깊은 갈망입니다. 그렇지만 대개는 자신을 자신의 페르소나(겉으로 드러나는 가면에 해당하는 인격)와 동일시하는 데서 생겨난 자의식에 매달려 있는 것입니다. 실상 페르소나는 우리가 맡은 역할에 불과합니다. 보통 우리의 역할은 여러 요소로 구성되는데 거기에는 태어난 곳, 가정환경, 출신 학교, 다니는 교회나 절, 보험증 번호처럼 삶에서 일어난 경험에 대한 이야기들도 포함됩니다. 그러나 그것들은 우리가 맡은 역할일 뿐입니다. 우리가 쓰고 있는 가면이나 다름없으며 우리는 이를 '가상 정체성'이라 부를 수 있습니다. 세상에서 제구실을 하려면 이러한 가면이나 가상 정체성이 필요합니다. 하지만 가면이나 가상 정체성을 우리의 참모습이라고 믿게 되면 이것을 잃는다고 생각할 때 매우 고통스럽습니다.

이런 가짜 정체성이 없으면 우리가 누구인지 알 수 없기에 그것에 집착합니다. 잃는다는 생각만으로도 오싹해지는 것입니다. 그렇지만 언젠가는 모든 것을 잃게 됩니다. 죽기 직전까지 계속해서, 애지중지하던 가면들 중 여러 개를 잃을 것입니다. 우리에게 닥치는 위기는 그것들이 벗겨질지도 모른다는 또 다른 위협입니다. 물론 우리는 자신이 누구인지 모른다는 사실을 결코 인정하고 싶어 하지 않으며 항상 알고 있다고 주장합니다. 그리고 이에 대해 비싼 대가를 치릅니다. 온갖 그릇된 동일시와 연관성에 매달리게 되는 것입니다.

우리가 배워야 할 것은 가상 정체성을 이용하되 집착하지 않는 기술입니다. 이 세상에 사는 한, 이런 역할들을 전적으로 내던져 버릴 수는 없습니다. 모든 관습의 굴레에서 벗어나 이상적인 삶을 살고자 하는 사람도 있기는 하지만 그들이 쓰는 방법은 간혹 이치에 닿지 않거나 반동적입니다. 사회적 역할에 반발하는 것이 그 자체로 또 하나의 역할이 되어 자신도 모르는 사이에 거기에 집착하고 있을 수도 있습니다. 역할에 집착하면 그것은 감옥이 되고 그저 삶을 온전히 유지하기 위해 끊임없이 스스로를 팔아야 한다고 느끼게 됩니다. 그런데 이렇게 자기희생을 한다고 해서 찾는 것이 얻어지지는 않습니다. 내면의 갈등만 불러올 뿐입니다. 때로 우울증이나 자기혐오, 권태와 절망에 이르게 되기도 합니다.

자신의 참본성을 탐구하기 시작할 때 마침내 진정한 자유로

향하는 길에 들어선 것입니다. 불교의 위대한 스승들은 깨달음을 얻고 자신이 누구인지 제대로 알게 하는 직접적인 방법으로 명상을 깊이 있게 가르쳤습니다. 명상의 목적을 종합하면 자기 자신에게 던지는 물음 "나는 누구인가?"로 귀결됩니다. 이것은 겹겹이 쌓인 페르소나를 해체하는 데 도움이 됩니다. 그리하여 도달하는 곳은 더 이상 자신이 페르소나나 페르소나로 인해 생기는 고통과 동일시되지 않는 공간입니다. 그때 페르소나는 필요하기에 걸칠 뿐인 의복과 다름없어집니다. 옷을 입는다고 해서 우리가 곧 옷은 아닙니다. 몸에 옷이 필요하듯 우리에게는 페르소나가 필요합니다. 우리는 벌거벗은 채로 거리를 돌아다니지는 않습니다. 그렇게 한다면 정신 나간 사람이란 소리를 들을 것입니다. 집착하지만 않는다면 멋진 옷을 입은들 문제 될 것이 없습니다. 인연이 합쳐져서 생겨난 만물이 그러하듯이 옷도 영구적인 것이 아니기에 언제까지나 그 상태로 존재하지는 않습니다. 멋진 옷에 집착하면 우리는 옷이 조금만 어떻게 되어도 기겁합니다. 마시던 차를 쏟아 옷에 얼룩이 지면 걷잡을 수 없이 화가 치밀기도 합니다.

페르소나의 성질을 잘 살펴보면 그것이 참본성에 속하지 않는다는 사실을 알게 됩니다. 사회가 일시적으로 부여한 것이며 단지 우리가 거기에 매달려 있을 따름입니다. 하지만 제대로 보지 않으면 페르소나가 우리 자신인 양 느껴집니다. 종종 우리는 페르소나가 나이고 그 이상 더 찾을 것이 없다는 생각에 갇혀 삽니다.

 길을 가다 우연히 만난 사람과 대화가 시작될 수 있습니다. 상대방은 우리가 누구이며 무슨 일을 하는지 물을 것입니다. "나는 교사입니다." 이런 식으로 대답할 수 있습니다. 자신이 누구인지를 다른 사람에게 말할 때 모든 정체성을 초월하지 않는다면 우리는 마음속 허상을 굳건히 하고 있는 것이며 남들에게 우리의 거짓된 자아를 믿으라고 요구하고 있는 것입니다. 시간이 갈수록 가짜 정체성은 공고해지고 그 지배력은 강해집니다. 그래서 초월적 자아의 알아차림은 전혀 일어나지 않습니다. 완전히 가려 있기 때문입니다. 이 점을 안다면 바로 그 순간 그 자리에서 저절로 깨달은 존재가 될 것입니다.

 인간으로서 우리는 마음속 깊이 불안해하고 스스로가 진정 누구인지를 알지 못합니다. 물론 이 문제가 삶의 표면으로 드러나지는 않습니다. 우리는 항상 자신에게 스스로가 누구인지를 말하고 있으며 이것은 우리가 다른 모든 것과 분리된 존재라는 관념에 기반을 둡니다. '나는 독립된 존재'라는 이 느낌이 바로 우리 자아의식의 바탕입니다. 그 생각을 더욱 강하게 만드는 것은 우리가 매달리는 각양각색의 가짜 정체성 즉 '나는 이것이다.' 혹은 '나는 저것이다.'라는 개념입니다. 스스로에 대해 우리가 갖고 있는 믿음은 이것들이 확장된 형태에 불과합니다. 주위를 한번 둘러보십시오. 우리를 둘러싼 것들이 이런 가짜 정체성을 진짜인 양 확인해 주고 있지 않습니까. 이 때문에 자아라는 환상을 깨부수는 일이 좀처럼 쉽지 않은 것입니다.

거울을 들여다볼 때면 자신과 관련된 이런저런 생각이 들 것입니다. 그 생각 하나하나가 모여 자아라는 허깨비 성을 쌓아 올리는 데 쓰이는 개념적 벽돌이 됩니다. 그렇긴 해도 자아의 개념이 부서지기 쉽고 순간적인 것일지도 모른다는 의심은 의식 어딘가에 소리 없이 잠재해 있습니다. 이것이 알아차림의 빛 속으로 드러나는 일은 잘 없습니다. 그렇게 되는 일이 가능하다면 깊은 내면의 지혜가 가차 없이 드러날 것입니다. 이러한 의심은 또한 두 가지 중 한 방향으로 나아갈 수 있습니다. 보통 이것은 공포, 근심, 불안의 원인이 됩니다. 자신의 정체성이 문제 될 때면 공포에 질려 지나치게 방어적인 태도를 취하는 사람들이 있습니다. 우리 역시 정체성을 위협받으면 두려워합니다.

반면에 이 의심이 또 다른 방향으로 나아갈 때는 그것이 삶을 바꿔 놓는 계시가 되어 더없이 높은 진리를 깨닫게 되기도 합니다. 이런 이야기는 특별히 새롭거나 고매한 이론이 아닙니다. 인류 역사를 통틀어 무수한 사람이 깨달아 왔던, 시대를 초월하는 지혜입니다. 붓다가 가르친 것이 이 지혜이며 불교 전통에서는 '무아'로 일컬어집니다. '무아'라는 표현을 쓰는 이유는 우리가 거짓 자아의식을 통해 사람을 본다는 것을 말하기 위함입니다. 거짓 자아의식은 삶에서 맡은 역할과 그 자신을 동일시하는 것에 불과합니다. 진리가 아니라 단순히 가면입니다.

우리가 그토록 집착해 온 뜬구름 같고 얄팍한 '가짜 정체성'을 움켜잡고 있는 한, 내면적 성취란 요원한 일입니다. 참본성에 닿을 수 없습니다. 가짜 정체성은 실체 없는 자의식에 지나지 않지만 우리의 일부는 이 사실을 결코 받아들이려 하지 않습니다. 진리를 탐구하노라면 애지중지해 온 자아가 그저 신기루이며 언제까지나 잘 먹고 살기 위한 든든한 받침대가 아님을 금세 알 수 있습니다. 아울러 이 신기루 저편에 놀랍도록 아름답고 고귀한 무엇인가가 있음을 알게 됩니다. 이를 깨닫기만 한다면 궁극적으로 어떤 것도 필요하지 않습니다. 모든 '구함'의 끝이 거기입니다. 이것을 알아차릴 때 어떻게 완전히 살 것인지를 알 수 있습니다. 이미 부족한 것이 없고 모든 것이 완벽하기 때문입니다. 조건 없는 이러한 행복이 우리 모두가 찾아 헤매는 궁극적인 행복입니다. 그러나 많은 사람이 여기가 아닌 어딘가에서 미래의 어느 때인가에서 행복을 구하려 합니다.

독립된 자아가 있다는 환상을 깨부수는 방법에 대해 불교는 여러 가지를 이야기합니다. 나가르주나(?150~?250 남인도의 승려. 초기 대승불교 사상을 연구해 그 기초를 확립했다)나 샨티데바(7세기경 인도의 위대한 시인. 왕자로 태어나 왕위에 오르기 하루 전에 가출한 일화는 유명하다. 〈입보리행론〉의 저자) 등 역대 큰 스승들의 깨달음은 우리의 길을 밝히고 이 심오한 통찰로 우리를 바로 이끌어 줍니다. "말로는 불교라고 하면서 지혜에서 동떨어진 것을 강조하지는 않는가?" 이런 질문도 이 시점에서 해 볼 만합니다. 붓다가 버리고 떠난 것들이 어떤 식으로든 슬그머니 우리 삶에 다시 숨어들어 온 듯하기 때문입니다. 자아가 교묘한 일에 능하다는 점을 생각할 때 이는 어느 정도 이해할 수 있는 상황입니다. 자아는 언제라도 우리를 깨닫지 못하도록 붙들어 놓는 방법을 찾을 수 있습니다. 붓다의 길은 탐구의 길입니다. 진실은 탐구로 찾아질 수 있습니다. 탐구의 능력은 인간이 지닌 가장 놀라운 재능입니다. 수행에서 깊은 탐구가 꾸준히 이루어지지 않는다면 어떤 여행길에 있든 그저 그 길에 매이게 되는 것입니다.

여기서 말하는 탐구란 개념적 지식을 더 많이 얻는 일이나 지능과는 전혀 관계가 없습니다. 이것은 얻음의 길이 아닙니다. 뿌리째 뽑아 버리는 길입니다. 자신이 누구인가에 대한 모든 개념을 뿌리째 뽑아 버리는 방법입니다. 일반적인 사고방식으로는 이 같은 생각이 도전적으로 느껴질지 모릅니다. 물론 이것은 어디까지나 이상적인 경지이며 그렇기 때문에 우리는 수행의 길에서 핵심을 놓치곤 합니다. 자아는 놓아 버리는 일에는 도통 관심이 없습니다. 좋아 보이는 것이 있으면 무조건 쓸어 담을 뿐입니다. 그러나 깊이 탐구할 수 있을 때 우리는 자신이 누구인가에 대해 가지고 있던 모든 개념이 근본적으로 잘못된 것임을 알게 됩니다. 그 개념들은 일종의 거짓말이며 다른 사람은 물론이고 우리 스스로가 해 온 이야기들입니다. 대개 거기에 의문을 제기할 기회는 좀처럼 생기지 않습니다. 설령 의문을 제기한다 할지라도 질문을 채 끝맺기 전에 중단되어 버리는 일이 비일비재할 것입니다. 우리의 일부가 죽기를 진정으로 원치 않기 때문입니다. 이 일부가 바로 자아의 옛 모습입니다. 자아의 옛 모습이란 무엇입니까? 조건들에 꼼짝없이 매여 있다고 믿는 자아의식입니다. '나는 곧 죽을 거야. 이제 다시는 햇빛을 볼 수 없게 되는 게 무서워.' 이렇게 생각하는 존재가 자아의 옛 모습입니다. 실제로 흔히 겪는 일입니다. 자아의 옛 모습은 저 하늘의 해와 달만큼 진짜 같고 앞에 놓인 탁자만큼 진짜 같습니다. 그러나 생각해 보십시오. 이제 더 이상 진짜라고 믿지 않는 것들을 예전에는 믿었지 않습니까? 어릴 때는 거의 누구나 산타클로스가 실제로 있다고 생각합니다. 누가 감히 아이를 향해 산타클로스는 진짜가 아니라고 말할 수 있겠습니까? 어느 날 혼자서 이해하게 되는 것입니다. 산타클로스는 실재하지 않으며 결코 실재한 적이 없었음을 그저 알게 되는 것입니다.

자아의 옛 모습이 더 이상 실체가 아님을 알아차릴 때 우리는 더 이상 조건들에 매이지 않게 됩니다. 죽음은 이제 공포를 불러일으키는 위협이 아니게 됩니다. 그야말로 생사를 초월하는 것입니다. 육체는 스러지고 무너질 수 있지만 그것은 죽음이 아닙니다. '죽음 없음'은 몸이 없어질 때마다 영혼이나 마음이 또다시 환생한다는 생각과는 전혀 관련이 없습니다. 오히려 우리는 자신의 참본성이 모든 것과 하나임을 알며 그렇기에 윤회도 뛰어넘고 생사도 뛰어넘습니다. 허공이 죽습니까? 참본성은 허공과 하나입니다. 진리가 언젠가 없어집니까? 참본성은 진리와 하나입니다. 죽음 역시 또 하나의 개념일 뿐입니다. 생사의 개념을 놓아 버릴 때 더 이상 죽음은 없으며 우리는 처음으로 진정 살아 있게 됩니다. 그러나 생사의 개념에 계속 매달린다면 그때는 죽음이 있으며 삶은 고통 가득한 괴로운 쳇바퀴가 됩니다. 이를 이해할 때 삶은 살아갈 만한 신비로운 것이 됩니다.

 죽음 없는 참본성이 우리의 진정한 모습입니다. 이를 깨달아 자신의 참본성과 하나 되어 살면 완전히 가득 찬 삶을 사는 것입니다. 이로써 우리는 순간순간을 충실히 살 수 있고 삶은 바로 지금 이대로 온전합니다. 결코 오지 않을 미래 어느 날의 이상적인 삶을 그릴 필요가 없습니다. 우리 모두는 삶을 완전히 살아내는 선택을 할 수 있습니다. 매 순간이 그 선택을 할 수 있는 하나하나의 완전한 순간입니다. 깨어나 우리의 참본성을 찾을 순간은 바로 지금입니다. 무엇 때문에 기다립니까? 무엇 때문에 미룹니까?

8

환상이 세상을 지어낸다

삶의 현상이나 조건 가운데 어떤 것도 실상이 아니다. 이를 깨닫는 일은 큰 슬픔과 고뇌를 불러올 것이다. 누군가에게 할 수 있는 최악의 말은 어떤 것이 그 사람의 환상에 불과하다는 이야기이다. 그러나 이것이 진리가 우리에게 해 주는 말이다. 괴롭다고 느낄 때 그것은 우리의 환상이다. 무엇인가 깨달을 것 같을 때 그 역시 환상이다.

수행하여 깨닫는다는 것은 무엇입니까? 깨달음이란 깨친 마음입니다. 혹은 있는 그대로의 모습 곧 실상의 본성을 아는 지혜를 이릅니다. 오직 이 깨달음만이 자유를 가져다줍니다. 이것은 특별히 고양된 의식 상태가 아닙니다. 명상에 빠져 있는 상태도 아닙니다. 있는 그대로의 모습을, 실상의 본성을, 진리를 아는 지혜입니다. 대부분의 시간 동안 우리는 마음이 깨어나지 못한 채 살아가며 사물을 결코 있는 그대로 보지 못합니다. 마음이 휘둘려 참본성을 찾지 못하는 내면의 어둠 속으로 빠져들곤 합니다. 그러나 있는 그대로의 모습 즉 실상과 조화를 이루면 이룰수록 우리가 겪는 고통과 갈등은 줄어듭니다. 내면의 진정한 해탈을 얻기 위해서는 마음을 눈멀게 하는 요소를 모두 없애고 크나큰 진리를 공을 열려 있음을, 모든 사물과 상황이 유동적임을 알아야 합니다.

　우리가 이 사실을 받아들이든 받아들이지 않든 대부분의 경우 우리 마음은 실상과 일치하지 못합니다. 명상을 하고 있기에 수행의 길을 제대로 가고 있는 것이라 믿고 싶어 하지만 진리와 실상과 하나 되지 못한다면 참된 수행의 길을 가고 있는 것이 아닙니다. 그런 식으로는 수행이 잘될 리 없습니다. 자아는 양쪽 세계에서 가장 좋은 것만을 취하고 싶어 합니다. 관념으로서의 수행 길은 걷고 싶지만 실상과 하나가 되고 싶지는 않은 것입니다. 그렇기 때문에 자아에게 진실은 때로 고통스럽습니다.

　어떤 때는 우리가 의무를 잘 이행하고 있으니 이만하면 수행을 잘해 나가는 것이 아니냐고 생각합니다. '날마다 기도하고 날마다 명상하는데 더 할 게 뭐 있어?' 자아가 스스로 수행자이며 진리를 사랑하는 자라고 생각하기를 좋아하는 것은 사실입니다. 우리의 자아는 우리가 진리에 대해 대단한 사랑과 신뢰와 투철한 헌신의 마음을 가졌다고 생각하기를 즐깁니다. 그러나 우리는 이 쓰디쓴 소식을, 고통스러운 진실을 받아들이지 않으면 안 됩니다. 실상과 하나 되지 못하면 진정한 수행의 길과 전적으로 일치를 이룰 길은 없다는 것. 따라서 우리가 할 일은 날마다 의식을 탐구해 몸과 말과 마음이 진정으로 진리와 일치를 이루는지 살피는 것입니다. 우리의 언행과 마음이 항상 진리의 표출인 사랑과 배려 그리고 연민의 원칙을 따라야 한다는 의미입니다.

　우리가 완벽해져야 한다는 이야기가 아닙니다. 우리는 완벽하지 않습니다. 실수 한 번 하지 않는 존재가 될 필요는 없거니와 그렇게 되지도 못합니다. 살아가면서 누구나 실수를 저지르며 살아가게 마련이니 성자나 깨달은 사람처럼 완벽해지라는 것이 아닙니다. 흔히 우리는 도덕적으로나 정신적으로 이상적인 사람을 찾아 그를 따라 하려고 합니다. 실제로 종교적인 전통들은 이상적 인물에 대한 숭배를 바탕으로 하며 그것이 확실한 방법이라고 생각합니다. 하지만 그것은 우리 정신을 분열시켜 위선, 죄의식, 자기기만, 지나친 오만 같은 여러 부정적인 결과를 낳고 결국에는 자신과 타인 모두에 대해 실망하게 만들 수 있습니다.

자신과 타인의 결점을 받아들여야 하며 그것을 무조건 나쁘게만 보지 말고 포용해야 합니다. 결점을 인정하고 있는 그대로 받아들일 수 있을 때 그것들로부터 벗어나게 됩니다. 진정한 수행의 원칙을 따르며 사는 것이야말로 자유로워지는 방법입니다. 그럼으로써 우리는 매우 풍요로워집니다. 더욱 현명해지고 마음도 열립니다. 행복해지고 친절해집니다. 어떤 문화적인 관례나 구태의연한 종교 윤리에 맞춰 살려고 애를 쓰면 자유로워지기는커녕 거북해지고 매이게 됩니다. 경직되고 융통성이 없어지며 쓸데없고 무지한 믿음 체계에 붙잡히게 되는 것입니다.

마음을 들여다보면서 스스로가 참된 수행의 길과 진정으로 일치된 삶을 살고 있는지 점검하는 일은 대단히 도움이 됩니다. 매일 거르지 않고 명상하거나 열렬히 기도하라는 이야기가 아닙니다. 매 순간 혹은 적어도 하루 대부분의 시간을 조화롭게 살고 있습니까? 우리가 지금까지 매우 잘해 왔다는 것을 알게 될 수도 있습니다. 만약 그렇다면 자신을 자애롭게 대해야 합니다. 보상으로 무언가 좋은 것을 자신에게 선물하십시오. 그러나 지난 몇 주 동안 실패만 거듭해 왔다고 생각되면 기도하는 것이 좋습니다. 기도는 아름다운 것입니다. 나는 나 자신의 수행에서 기도가 의식의 변화를 가져오는 가장 강력한 힘의 하나임을 배웠습니다.

진실한 기도를 할 때 그 기도에는 힘이 있으며 마음을 열어 줍니다. 진정한 기도는 우리의 모든 저항을 훌쩍 넘어선 기도입니다. 때때로 진리를 향해 기도하면서 "내가 이 망상을 극복하기를. 내가 이 망상을 초월하기를." 이렇게 발원한다면 효과적일 것입니다. 이런 기도를 하면 그 즉시 모든 정신적 혼란과 감정적 동요를 벗어난 순수하고 빛나는 깬 마음을 체험하게 됩니다. 높은 산봉우리에 올라가면 풍경이 아주 뚜렷하게 보이는 것과 마찬가지입니다. 우리는 환상의 본성뿐만 아니라 진리의 본성도 보게 됩니다. 그래서 나는 모든 사람에게 기도하라고 권합니다. 지고한 실상을 향해 기도하십시오. 바로 진리를 향해, 더없이 높은 진리를 향해 지금 여기서 해탈하게 해 달라고 기도하십시오. 가슴 깊은 곳에서 우러나는 진실한 기도를 하면 언제나 마음속에 깨달음이 생깁니다. 앞에서도 여러 번 말했듯이 깨달음은 기적처럼 일어납니다.

수행자로서 이런 명상법들을 배우다 보면 곁길로 빠지는 때도 있습니다. 그와 동시에 진실하고 단순하고 순수해지라는 수행의 핵심적인 측면에 소홀하게 됩니다. 기도하는 법을 제대로 알려면 마음이 순수해야 합니다. 마음에 지식, 이념, 개념, 자부심 같은 것이 무겁게 쌓이면 기도하는 법을 제대로 알 수 없습니다. 그러나 마음이 티 없이 순수하고 개념과 관념들로 가득 차 있지 않으면 자연스레 기도하는 법을 알 수 있습니다. 가끔씩 아무 생각도 없고 대책도 없을 때, 밧줄 끝에 간신히 매달린 것 같을 때 우리는 진정한 기도를 하게 됩니다.

티베트에서 네팔까지 몇몇 사람과 트레킹을 했던 일이 기억납니다. 무척 위험한 상황이었고 달빛은 비추는 듯 마는 듯 어두운 길이었습니다. 우리에게는 손전등 하나 없었습니다. 어느 지점에서 우리는 폭포처럼 천둥소리를 내는 차디찬 급류를 건너야 했습니다. 그곳에는 다리가 없었습니다. 단지 강을 건널 수 있도록 통나무 하나가 걸쳐져 있을 뿐이었습니다. 너무도 두려웠습니다. 그 순간 순수한 공포심에서 기도가 나왔습니다. 온통 두려움뿐이던 그 순간에 명상법은 생각조차 나지 않았습니다. 마음속의 온갖 망상도 정신 상태를 분석하던 방식도 모두 간데없었습니다. 모든 것이 사라졌습니다. 너무 무서워서 아무것도 기억나지 않았습니다. 하지만 기도할 때 불현듯 찾아든 지극한 행복, 평정심, 용기는 느낄 수 있었습니다. 결국 통나무를 거뜬히 건넜는데 어떻게 그럴 수 있었는지 모르겠습니다. 이것은 신이 개입하는 기적과는 아무 상관 없는 일이었습니다. 그저 모든 망상, 모든 개념,

모든 두려움을 내려놓고 오직 있는 그대로의 상태를 믿었을 뿐입니다. 있는 그대로가 언제나 완전한 것입니다. 인간은 죽거나 삽니다. 가난하거나 부유합니다. 사랑받거나 미움 받습니다. 어떤 경우든 있는 그대로 언제나 완전합니다. 진실로 정화된 실상이라는 차원에서 우리는 언제나 완전한 것입니다.

진짜 기도와 가짜 기도가 있습니다. 상도 주고 벌도 내리는 전능한 아버지, 우리 외부에 있는 신에게 바치는 기도는 진짜 기도가 아닙니다. 이런 식의 기도라면 인류가 이미 수천 년간 해 왔습니다. 이런 기도를 입에 올리면서 군대를 만들어 싸웠고 서로 자신들이 믿는 신이 진정한 유일신이라고 주장했습니다. 이런 기도는 우리를 결코 진리로 이끌어 주지 못합니다. 망상의 영역 속에서 맴돌게 할 뿐입니다. 이것은 어른들을 위한 동화이고 환상입니다. 진짜 기도는 환상으로 이루어진 이 세상에서 우리를 흔들어 깨우고 드높은 정신적 통합의 진리와 접하게 합니다. 그것을 깨달음이라 부릅니다. 이 통합이야말로 실상과 완전히 하나가 되는 일입니다.

혼란, 공포, 고독으로 어려움을 겪을 때마다 우리는 기도할 수 있습니다. 극히 부정적인 감정을 겪지 않을 때라도 물론 기도할 수 있습니다. 수행에 진전이 없거나 명상을 해도 변화가 없을 때 기도할 수 있습니다. 대단한 위기는 아닐지라도 그로 인해 수행이 더 이상 나아가지 못할 때 기도하는 것은 큰 힘이 됩니다. 마음이 완전히 녹아 모든 방어적 태드가 허물어질 때까지 기도할 수 있습니다. 진리와 완전히 사랑에 빠질 때까지 기도할 수 있습니다. 그런데 알고 보면 그 진리는 애초부터 자신과 떨어진 적이 없었던 것입니다.

환상 대 실상. 이것을 나는 강조하려 합니다. 또 환상이 무엇으로 이루어졌는지에 대해서도 말하고 싶습니다. 환상은 우리의 인식 내용입니다. 실상의 본질과는 항상 정반대되는 위치에 있습니다. 물론 우리는 일반적으로 쓰는 '환상'이란 말의 뜻을 압니다. 흔히 이렇게 이야기합니다. "그건 환상에 불과해. 그건 네 환상이야." 그러나 명상을 해 보면 그것이 단순히 깨닫지 못한 의식의 작은 부분만은 아님을 알게 됩니다. 환상은 어마어마합니다. 대체로 모든 것이 환상입니다. 명상할 때 우리는 모든 것이 환상임을 깨닫게 될 것입니다. 과거도 환상입니다. 미래도 환상입니다. 현재조차 환상입니다.

앞으로 어떻게 될지 생각할 때면 다른 무엇보다 질병, 죽음, 불행이 떠오릅니다. 일단 거기에 붙잡히면 마음속 평화는 산산조각 납니다. 거의 모두가 그러합니다. 걱정이라는 현상을 놓고 한번 생각해 봅시다. 그것은 엄청난 고뇌를 불러일으키는 마음의 병입니다. 이 환상은 천진한 백일몽 수준의 것이 아닙니다. 처음에 짐작한 것보다 훨씬 더 파괴적인 힘이며 우리는 그것이 실상인지를 따져 볼 엄두조차 내지 못합니다. 붓다는 말했습니다. "생각이 세상을 지어낸다." 마찬가지로 우리는 이렇게 말할 수 있습니다. "환상이 세상을 지어낸다."

어떤 환상들은 무척 알아차리기 쉽습니다. 영원한 삶, 영원한 젊음, 상을 받는 것, 대통령이 되는 것 등은 쉽게 알아차릴 수 있는 환상입니다. 이를테면 활짝 갠 어느 날 외출에 대한 환상을 품는다고 해 봅시다. 우리는 평온하고 멋진 하루가 될 것이라 상상합니다. 바닷가나 시원한 숲 속에 편안히 앉아 시간을 보낼 것입니다. 굉장한 명상 체험을 하거나 재미있는 사람들과 만나게 될지도 모릅니다. 그런데 갑자기 날씨가 바뀌고 비가 쏟아져 외출할 수 없게 됩니다. 자아만 아는 마음 속에 살고 있다면, 변화를 받아들일 수 없다면 이때 우리는 엄청나게 실망할 것입니다. 이런 일은 실제로 많이 겪지 않습니까? 우리 모두가 환상이라는 마라의 군대에 당한 적이 있음을 스스로 잘 알 것입니다. 실현되지 못한 환상에 얽매여 얼마나 많은 시간을 보냈는지 떠올려 보십시오.

모든 것이 환상임을 깨달을 때 상황은 변화합니다. 이 진리의 관점에서 우리는 더 이상 고뇌나 슬픔 속에 헤매는 신세가 아닙니다. 그러나 이런 마음이 아닐 때, 믿고 의지하던 것이 환상으로 밝혀질 때 우리는 실망과 분노를 느낍니다. 모든 것이 환상임을 깨달으면 삶에서 실상과 맞닥뜨릴 때 소리치거나 반발하는 자아는 없습니다. 이것은 어떤 일에 대해서도 아예 상상조차 말라는 이야기가 아닙니다. 상상을 하지 않을 수는 없습니다. 우리의 의식을 차단하라는 이야기도 아닙니다. 상상을 억눌러야 한다는 이야기도 아닙니다. 의식을 내리누르거나 닫아 버리라는 이야기도 아닙니다. 느끼지 않고 생각하거나 상상하지 않으려고 노력하라는 이야기도 아닙니다. 환상과 실상의 차이를 깨달으라는 것입니다.

인간은 환상을 갖고 삽니다. 환상은 무척 아름다울 수 있으며 우리의 의식은 이따금 환상을 필요로 합니다. 믿지만 않는다면 환상을 가져도 괜찮습니다. 환상을 환상이라고 알아차리는 한은 괜찮습니다. 하지만 이 깨닫지 못한 자아에 홀린다면 무엇이 환상이고 무엇이 실상인지 구별하기란 어렵습니다.

명상을 하면 삶 속의 현상이나 조건 중 어느 하나도 구체적인 실상이 아니라는 것을 깨닫기 시작합니다. 외부 세계의 조건 하나하나, 현상 하나하나가 환상임이 밝혀집니다. 이 사실을 깨닫는 일이 엄청난 슬픔과 고뇌를 불러올 것이기에 우리는 인정하려 들지 않습니다. 이 조건들이 환상으로 밝혀지는 일을 어떻게든 막아 보려고 안간힘을 쓰면서 대부분의 시간을 보냅니다. 상상 속의 조건들이 환상이 되는 것을 막기 위해 현실을 장악하고자 매 순간 고군분투합니다. 환상은 실제로 없는 것, 오직 마음에 투사된 것을 뜻하므로 지금 눈앞에 보이는 것을 환상이라 생각하고 싶지 않은 것입니다. 우리 혹은 우리의 자아는 '나' 역시 환상임을 깨닫지 못하도록 기를 쓰고 방해합니다. 그러나 자아 역시 환상 아니겠습니까.

어쩌면 누군가에게 할 수 있는 최악의 말은 어떤 것이 그 사람의 환상에 불과하다는 이야기일 것입니다. "이봐, 그건 네 환상이야." 이런 말을 들으면 쉽게 상처 받습니다. 그러나 이것이 바로 진리가 우리에게 해 주는 말입니다. "그것은 당신의 환상입니다." 진리의 주문입니다. 괴롭다고 느낄 때 그것은 환상입니다. 무엇인가 깨달을 것 같을 때 그것도 환상입니다. 일이 잘못되어 간다고 느껴질 때 그것 또한 우리의 환상입니다. 진리는 오직 한 가지 목적 즉 우리 모두를 깨우겠다는 목적만을 갖고 있기에 이 말을 영원한 주문으로서 항상 외치고 중얼거리는 것입니다. 진리의 신성하고 영원한 주문은 "그건 네 환상이야."입니다. 순간순간 진리는 이렇게 말하고 있습니다.

그렇지만 환상을 없애려고 애쓰지는 마십시오. 그 노력 또한 환상입니다. 소용없는 일을 하는 것이기에 환상을 없애려고 애쓰다 보면 좌절하게 됩니다. 실제로 환상은 없어지지 않습니다. 마음이 진리와 하나 되고 조화를 이룰 때 별다른 노력을 기울이지 않고도 모든 것이 환상임을 절로 깨닫게 됩니다. 모든 존재 현상이 환상이라는 깨달음이 우리에게로 찾아드는 것입니다. 이것을 우리는 명확히 볼 수 있습니다. 그러므로 우리가 해야 할 일은 단지 명상입니다. 명상을 계속하면 모든 것이 환상임을 자연스레 알 수 있습니다.

진리를 깨닫고 싶다면 제일 먼저 기억할 것은 어떤 일도 할 필요가 없다는 사실입니다. 신성무(영적인 체험을 표현하거나 느끼려는 모든 움직임)는 필요 없습니다. 비밀스러운 주문을 욀 필요도 없습니다. 굳이 개종하지도 마십시오. 그저 있는 그 자리에 고요히 머무르면 됩니다. 다른 어떤 것도 하지 마십시오. 이것이 가장 중요합니다. 그 어떤 일도 하지 마십시오. 자신의 눈으로 마주할 때 그 순간 무엇이 진실인지 알 수 있습니다. 어떤 꼬리표를 붙이거나 판단하지 마십시오. 이제 환상 너머 저편의 진리가 보입니다. 또한 마음이라는 것이 정신적인 사건들이 모여 엉긴 덩어리이며 실체가 없고 찰나적인 것임을 알게 됩니다. 그 순간에는 어떤 개인적인 이야기에도 집착할 수 없습니다. 이는 완벽한 순간입니다. 부족한 것이 없습니다. 이것을 알 때 한없는 기쁨이 찾아옵니다. 그 자리에서 벌떡 일어나 춤추고 싶을지도 모릅니다. 그런 마음이 든다면 춤추십시오. 그리고 그 춤을 신성무라 부르십시오.

9
우리는 올바른 길을 가고 있는가

우리는 변화가 없고 안전한 것을 사랑한다. 이 상쾌를 유지하기 위해 끊임없이 싸워야 한다고 생각한다. 모든 것을 통제해야 한다고 느낀다. 그러나 안전이란 실체를 이루는 바탕 자체이므로 우리는 이미 안전하다. 이 불안을 넘어설 때 의식의 본성과 만날 수 있다.

우리가 과연 올바른 길을 가고 있는지 가끔씩 궁금해집니다. 매일은 아니더라도 이따금 스스로에게 물어보십시오. 하루하루의 생활을 제대로 해 나갈 수 없을 테니 매일 이런 질문을 하는 것은 곤란합니다. 이처럼 목적지를 향해 운전해 가다가 불현듯 올바른 방향으로 가고 있는 것인지 궁금해지는 때가 있습니다. "내가 지금 올바른 길로 가고 있는가?" 우리를 불편하게 만들 수도 있는 질문이지만 이 질문을 던지는 것은 매우 바람직한 일입니다.

결론적으로 우리가 확실히 올바른 길에 들어서 있다는 보장은 없습니다. 어떤 이는 자신이 종교 조직에 속해 있다는 것을 바른길을 간다는 증거로 삼습니다. 하지만 대개 종교나 정신 수련의 전통들은 갓난아기나 어린아이의 옷과 비슷한 역할을 합니다. 머지않아 우리가 정신적으로 발전하면 아기가 크면서 옷이 작아지듯이 그런 전통 역시 우리에게 맞지 않게 될 것입니다. 만약 종교 전통이란 포대기에 싸여 있으려고만 한다면 이내 불편함과 답답함을 느끼게 될 것입니다. 붓다가 마음속 깨달음을 얻을 때 그러했듯이 결국에는 우리도 모든 관습적인 형식을 뛰어넘어야 합니다. 그때 비로소 그 무엇에도 제약받지 않는 우주와 같아지며, 진리와 사랑이 우리의 종교가 될 것입니다. 그렇게 되기 전까지는 우리가 올바른 길을 가고 있다는 보장은 없습니다.

  어떤 형태든 간에 무슨무슨 주의와 관계 맺고 있다는 데서 오는 심리적 안도감에 집착하기란 쉬운 일입니다. 하지만 현명해져야 합니다. 단순한 심리적 안도감과 진정한 해탈의 길은 분명히 구별해야 합니다. 그러기 위해서는 의심을 불러들여야 합니다. 의심을 불러들일 뿐만 아니라 의심에는 두 종류가 있음을 알아차려야 합니다. 하나는 내면적 발전에 해로운 의심이고 다른 하나는 도움이 되는 의심입니다.

  두려움과 불신에 기반을 둔 의심이 있습니다. 이런 의심은 진리의 깊은 곳을 경험하지 못하게 합니다. 진리로부터 끌어내고 진리에 순응하지 못하도록 방해합니다. 갈증을 느끼는 우리 앞에 넥타르가 놓여 있는데 마음의 소리가 속삭입니다. "조심해. 마셔 보면 넥타르가 아닐지도 몰라" 이 말을 들으면 벌리려던 입이 닫히고 그 자리에서 돌아서게 됩니다. 진리에 다가가려는 걸음을 멈추게 하기 때문에 이것은 그릇된 의심입니다. 자애로운 의심은 진리를 탐구하는 용기를 키워 줍니다. 이것은 진리를 깨닫고자 하는 열망을 품고 있으며 진리를 밝히는 길로 나아가도록 우리를 북돋워 줍니다.

이런 의심을 언제까지나 품고 있으라고 권하는 것은 아닙니다. 하지만 가끔씩 이렇게 질문할 필요는 있습니다. "내가 올바른 길을 가고 있는가 아닌가?" 겉보기에 수행의 길을 가거나 수행을 가르친다는 이유만으로 올바른 길을 가고 있는 것이라 여기기 쉽지만 그것이 바른길을 간다는 증거가 되지는 않습니다. 수행자라 할지라도 화, 미움, 옳고 그름의 판단 같은 자신의 업을 버리지 못하면 보통 사람과 다를 바가 없습니다. 수행자가 된다는 것은 바른길을 가고 있으니 수행의 동기를 탐구하지 않아도 된다는 영원한 확신이나 보장을 주는 일이 아닙니다. 우선 왜 이 길을 가고 있는가? 어디를 향하고 있는가? 동기는 무엇인가? 또 다른 형태의 안전을 찾고 있는가? 또 다른 믿음 체계를 추구하는가? 안도감을 느끼고 싶은가? 이런 동기로 수행을 할 수도 있는 일입니다.

자아는 안전을 추구하지만 결국 안전이란 것은 허깨비입니다. 위기를 만나면 안전하다는 느낌은 곧바로 산산조각 납니다. 그러나 우리는 그 미지의 상태에 머물러 있지 않습니다. 즉시 안전을 보장해 줄 다른 무언가에 달라붙습니다. 나무의 한 가지에 매달렸다 뛰어내리고 바로 다시 뛰어올라 다른 가지에 매달리는 원숭이나 마찬가지입니다.

자아는 안전에 환상을 가지고 있습니다. 단순한 안전이 아닌 영원한 안전을 기대합니다. 자아는 영원한 안전을 구하면서 온 우주를 돌아다니지만 아직까지 그것을 찾지 못했습니다. 영원한 안전이란 허상이기 때문입니다. 이 세상에 그런 것은 없습니다. 자아는 현실을 마음대로 쥐락펴락하면 안전해질 것이라 오해합니다. 안전의 반대는 안전하지 못함이고 그것은 기본적으로 죽음, 덧없음, 원치 않는 것을 얻게 됨을 의미하기에 자아는 안전을 바라며 현실을 통제하기 위해 끊임없이 노력해야 한다고 생각합니다. 안전을 추구하고 있을 때 대개 마음속 깊은 곳은 안전하지 못합니다. 마음이 안전하지 못하면 가슴은 닫히고 초월적인 자애와 연민을 표현할 상태가 되지 않습니다. 깨어남은 안전한 것이 아닙니다. 그럼에도 대부분의 사람이 궁극적 안전에 대한 희망을 품고 수행 길에 오릅니다. 미래가 불안하고 미지의 것이 불안하기 때문입니다.

궁극적 안전이란 것이 과연 존재할까요? 만약 수행의 동기를 주의 깊게 살피지 않는다면 우리는 깨달음이 마지막에 도달할 안전한 항구이고 그곳이 더할 나위 없이 든든한 장소이기를 바랄지도 모릅니다. 그런데 깨달음이란 영원한 안전 같은 것이 아닙니다. 깨달았다고 해서 그 순간부터 모든 것이 잘 풀리리라는 보장은 없습니다. 붓다나 하느님이 언제까지나 우리에게 미소 지을 것이라는 보장도 없습니다. 깨달음을 얻는다 해도 우리는 여전히 죽을 수밖에 없는 인간입니다. 병이 들 수도 있습니다. 때로 짜증도 날 것입니다. 살면서 누구나 이런저런 조건들을 체험하고 있고 깨달은 사람 역시 여전히 그런 조건들을 체험하며 살아갑니다. 차이는 이것입니다. 깨달은 사람은 보통 사람과 달리 조건들을 좋아하거나 싫어하는 충동적 반응을 보이지 않습니다. 대개 그런 반응들로부터 미움, 집착, 혐오, 갈망이 생겨납니다. 깨달음은 안전이 아닙니다. 그것은 안전이나 안전하지 못함의 개념을 벗어나 있습니다.

조만간 우리는 안전을 포기해야 합니다. 그것이 우리가 해야 할 일입니다. 안전이라는 환상을 단념하십시오. 불교에서는 자아가 바라는 안전, 이를테면 영원한 젊음이나 변치 않는 관계, 나아가 모든 집착의 대상을 불러들여 눈으로 보거나 명상하는 훈련을 일부러 하기도 합니다.

우리가 깨닫지 못한 영역에서 보통 사람으로 살 때 젊음은 큰 위안이 됩니다. 사람들은 젊음을 떠받듭니다. 젊음에 대해 생각해 봅시다. 젊어지고 싶다는 강렬하고 충동적인 집착은 누구나 가질 수 있습니다. 그러나 젊음은 영원히 지속되지 않으므로 하나의 허상입니다. 결국 모두 나이를 먹습니다. 가끔씩 나이 들어 가는 자신의 모습을 떠올리는 것은 매우 효과적입니다. 늙고 병들고 죽어 가는 자신의 모습을 그려 보는 명상 프로그램도 있습니다. 자신의 몸이 화장되거나 티베트의 조장 풍습에서처럼 굶주린 독수리의 먹이로 주어지는 광경을 상상해 볼 수 있습니다. 이는 젊음과 젊어지고 싶은 마음에 대한 지나친 집착을 부각시켜 강력하게 보여 주는 것입니다. 또한 안전과 영속성을 추구하려는 집착을 끊는 법이기도 합니다.

남녀 관계, 사제 관계, 집단과 집단의 관계, 국가와 국가의 관계 등 관계의 측면에서 안전을 생각해 봅시다. 이런 관계들이 영원히 지속되지 못한다는 것을 우리는 압니다. 관계에서 결코 확실한 안전이란 없습니다. 돈, 성공, 경력에 대해서도 생각해 봅시다. 여기서도 모든 것은 항상 변화합니다. 영속하는 것은 없습니다. 모든 것이 나타났다 사라집니다. 삶의 모든 것이 신성한 진리의 기적적인 춤입니다. 진리는 항상 춤추고 있습니다. 절대 쉬는 법이 없습니다. 진리는 밤낮으로 춤추고 있습니다. 애초부터 춤을 추었고 언제까지나 끝없이 춥니다. 모든 것은 이 춤 속에 표현됩니다. 그 춤은 정적인 춤이 아닙니다. 끊임없이 움직이고 나타났다 사라지고 한꺼번에 왔다가 어느 순간 가 버립니다. 그러므로 삶이 늘 움직이고 변화하며 덧없는 것이라는 진리를 받아들일 준비가 되어 있지 않다면 이는 큰 문제가 아닐 수 없습니다. 비단 자신과의 문제만이 아니라 진리와의 문제이기도 합니다. 가끔 사람들은 이런 말을 합니다. "나는 옆집 사람과 문제가 있어." 이런 정도는 진리와의 문제에 비하면 아무것도 아닙니다. 사람들은 자동차에 문제가 있고 회사 사장과 문제가 있다고 이야기합니다. 그런 정도도 괜찮습니다. 자신의 실상과 문제가 있다고 생각해 보십시오. 그것이야말로 정말 큰 문제 아니겠습니까.

이런 관점에서 마음을 들여다보면 우리와 진리 사이에 심각한 문제가 있음을 알게 됩니다. 우리는 삶이 덧없다는 사실을 받아들이지 않습니다. 전혀 받아들이려 하지 않습니다. 우리는 변화를 위험의 최종적인 상태로 여기곤 합니다. 자아는 영원한 춤과 같은 이 존재의 덧없음을 인정하고 포용하는 일로부터 끊임없이 달아나려 합니다. 자아는 이 춤을 좋아하지 않으며 그 어떤 것보다 싫어하는 것이 이 신성한 춤입니다. 자아는 바위처럼 존재하고 바위처럼 단단한 것을 사랑합니다. 그저 바위가 아닌 영원불변하는 바위를 사랑합니다. 변화가 없고 모든 것이 안전한 것을 사랑합니다.

수행 길에 들어서면 우리는 우선 묻습니다. 자신이 겪는 고통의 본질을 들여다보고 알기 시작합니다. 고통은 어디에서 생겨나는가? 고통의 근원은 무엇인가? 고통은 외부에서 즉 생로병사 같은 몸의 상태에서 오는가? 원하는 바를 이루지 못해서 오는가? 아니면 자신의 의식 내부에서 비롯되는가? 자기 성찰의 렌즈를 거치면 깨닫게 될 것입니다. 크건 작건 우리가 겪는 모든 고통은 깨어나지 못한 우리의 의식에서 비롯된다는 것을.

고통은 우리가 존재의 본성을 받아들이지 않는다는 사실에서 옵니다. 우리는 모든 것이 변하고 덧없고 항상 움직인다는 사실을 받아들이지 않습니다. 자아를 우리의 주인이 되게 하고 자아로 하여금 우리 의식을 지배하고 사물의 존재 방식에 대한 우리의 반응을 통제하도록 할 때, 우리는 모든 것을 뿌리부터 어둡고 양극화된 것으로 보게 됩니다. 안전하다는 느낌을 유지하기 위해 끊임없이 싸워야 할 것만 같습니다. 앉아 있건 길을 걷건 잠을 자건 깨어 있건 늘 이런 투쟁 속에 있다고 느낍니다. 의식 어딘가에는 항상 전쟁이 일어나고 있다고 느낍니다. 이런 평화 없는 상태가 바로 붓다가 '두카'라 부른 존재의 괴로움입니다. 그것은 항상 거기에 있습니다. 그 괴로움을 의식할 때도 있지만 대부분의 시간 동안 우리는 그러지 못합니다. 하지만 의식하지 못한다 해서 두카를 겪고 있지 않은 것은 아닙니다. 어떻게든 이 고통을 의식하지 않고 지낼 수는 있습니다. 감각적 쾌락에 빠지거나 바쁘게 지내거나 멋진 미래를 공상하면서 마음을 다른 곳으로 분산시키면 됩니다.

마음속에서 이 전쟁이 일어나고 있음을 깨달을 때, 자각은 커지고 더 이상 그렇게 심하게 싸울 필요가 없게 됩니다. 어떤 것을 바꾸거나 통제하려고 애쓰지 않아도 됩니다. 우주의 거대한 풍수를 어떻게 해 보려고 애쓸 필요가 없습니다. 가끔씩 우리는 우주에 대해 풍수의 달인 행세를 합니다. '해는 이쪽에 달은 저쪽에 나는 중심에 있고 나이 듦과 죽음을 없애 버린다'는 식으로 모든 것을 새롭게 배치하려고 합니다. 어떻습니까? 항상 그렇게 하려고 하지 않습니까? 우리가 생각하기에 나이 듦은 있어서는 안 되는 일입니다. 이 목록에 다른 것도 추가해 봅시다. 우리는 영원한 젊음과 영원한 쾌락을 유지하려 애를 씁니다. 정말 기를 쓰고 노력하고 있습니다. 그렇지 않습니까?

우리는 진리를 깨달아야 합니다. 모든 것은 영속하지 않습니다. 모든 것은 우리의 손아귀에 있지 않습니다. 스스로에게 이렇게 말해야 합니다. "이것이 진리야. 너는 그 사실을 받아들여야 해." 처음에는 자아가 이렇게 대꾸할 것입니다. "나는 이 진리가 싫어. 그따위 것은 받아들일 수 없어." 그러면 우리는 며칠의 여유를 줍니다. 자아가 말합니다. "지금 당장 하기엔 너무 버거운 일이야. 혼자 있고 싶어. 그럼 생각해 볼게. 어쩌면 마음이 바뀔지도 몰라." 여전히 자아가 존재하기는 하지만 미약하고 희미하게 알아차림이 일어나고 있는 것입니다. 이 미약한 알아차림이 자아에게 말합니다. "이것이 진리야. 받아들여." 그리고 그들은 서로 이야기합니다.

자아가 말합니다. "싫어! 난 받아들이지 않을래. 그런 게 진리일 리 없어. 진리란 다른 것이어야 해. 무엇이 진실인가 하는 내 정의에 맞아떨어져야 진리지." 자아에게 있어 이 말은 지금 현실을 좌지우지할 수 있다는 뜻입니다. 자신이 바라는 방식으로 우주를 재배치할 수 있다는 의미입니다. 더 나아가 수행을 하고 진리를 구하면서도 여전히 모든 것을 통제할 수 있다는 이야기입니다. 이보다 더 편리한 것이 어디 있겠습니까?

명상을 해 나갈수록 알아차림은 강해집니다. 이것이 성실한 탐구의 힘입니다. 알아차림이 강해질수록 마침내 자아는 약해지기 시작합니다. 저항도 점점 약해집니다. 우리는 알아차림이 몸과 마음, 정신, 가슴을 온통 차지했음을 깨닫게 됩니다. 그때 온전히 진리와 함께하는 것입니다. 마침내 만물의 참본성을 받아들인 것입니다. 이것이 내적 해탈입니다. 받아들임 속에 커다란 행복이 있습니다. 스스로 갇힌 무지의 감옥을 벗어나 마침내 자유로워졌기 때문입니다.

겹겹이 쌓인 우리의 모든 동기를 알아차리는 수행을 하고 이를 삶의 모든 측면에 적용해야 합니다. 안정된 생활을 하려고 결혼하는 사람이 있습니다. 이 경우 얼마의 시간이 지나면 혼인 서약 때 했던 맹세에 비추어 그리 행복하지 않을 수도 있습니다. 진정으로 필요로 하는 것이 무엇인지 제대로 생각하지 않고 안정만을 찾음으로써 스스로를 저버렸음을 알게 되는 것입니다. 잘못된 동기는 우리를 종종 바라지 않은 결과로 이끕니다. 수행을 하면서도 여전히 잘못된 동기에 이끌릴 수 있습니다. 궁극적인 안전을 찾기 위해 이제는 세속적인 희망 사항 대신 신이나 스승 쪽으로 방향을 돌립니다. 사람들이 자신의 종교에 대해 방어적인 태도를 취하는 것도 이 때문입니다. 이것은 각 종교가 가지고 있는 정신적인 권위에 전혀 결점이 없다는 맹신으로 나타날 수 있습니다. 우리는 어떤 대가를 치르더라도 안전을 그냥 놓아 버리지는 않으려고 합니다.

그냥 놓아 버릴 때 어떤 일이 일어날까요? 마음속의 해탈이 일어날 뿐입니다. 식탁 위에는 여전히 음식이 있고 아침에 일어나면 여전히 이를 닦습니다. 궁극적으로 아무것도 잘못될 수 없습니다. 있는 그대로 모든 것이 완전합니다. 우리가 지금 이 순간 죽는다 해도 모든 것이 여전히 있는 그대로 완전합니다. 모든 것은 완전의 영역 안에서 보살펴지고 있습니다. 완전의 영역이란 참된 실상입니다.

이런 이야기가 있습니다. 어떤 사람이 등산을 하다가 밤이 되었습니다. 어슴푸레한 빛에 의지해 걷다 보니 미처 알아채지 못한 사이에 깎아지른 듯한 벼랑에서 하마터면 추락할 뻔합니다. 간신히 그는 나뭇가지를 붙잡습니다. 손을 놓으면 틀림없이 죽을 것이라 생각하면서 목숨을 부지하려고 가지를 꽉 붙들고 있었습니다. 그는 밤새도록 고통스럽게 매달려 있었습니다. 아침 햇살이 퍼질 때쯤 기진맥진한 그는 그만 나뭇가지를 놓쳐 밑으로 떨어지고 맙니다. 놀랍게도 그가 떨어진 곳은 목숨을 부지하겠다고 매달렸던 나무에서 불과 60센티미터 떨어진 단단한 바위 위였습니다.

이 일화는 우리의 불합리한 공포와 강박관념을 분명히 보여줍니다. 불합리한 공포 때문에 우리는 모든 것을 우리가 통제해야 한다고 생각합니다. 이는 우리가 실상에 근본적으로 잘못된 것이 있다고 믿는 데서 기인합니다. 그런데 진실은 무엇입니까? 안전이란 실상을 이루는 바탕 자체이므로 달리 얻을 수 없다는 것입니다. 실상은 모든 것에 스며 있습니다. 우리는 결코 실상에서 떨어져 나올 수 없습니다. 우리는 이미 안전하며 항상 안전합니다. 안전의 추구가 우리의 가장 심각한 신경증입니다. 그것이 우리를 계속해서 착각하게 합니다. 기를 쓰고 안전을 추구하려는 태도는 공포와 강박관념으로 나타납니다. 그런 공포나 강박관념에 지배되는 한, 우리 가슴은 열릴 리 없습니다. 연민과 자애는 열린 가슴에서만 나올 수 있습니다. 올바른 길로 가고 있는지 알려면 삶에서 자애와 연민을 얼마나 표현하는지 살펴보면 됩니다.

최근에 들었던 달라이 라마 성하의 가르침이 기억납니다. 그는 대단히 자애로운 사람입니다. 한 번도 다른 사람을 비난한 적이 없습니다. 테러리스트에 대해 이야기할 때도 절대로 그들을 테러리스트라고 하지 않습니다. 그저 악의를 지닌 사람이라고 합니다. 마음에 연민이 가득 차 있을 때 비로소 올바른 길을 가고 있다고 백 퍼센트 확신할 수 있다는 것이 많은 정신적 지도자들의 이야기입니다. 모든 사람을 마음에 안을 수 있다면, 그 어떤 차별 없이 모든 이를 사랑할 수 있다면 올바른 길을 가고 있는 것입니다. 불교에 대한 지식이 있는가 없는가, 머리를 써야 알 수 있는 복잡다단한 것들을 아는가 모르는가, 수행을 시작하는 사람인가 아닌가는 문제가 되지 않습니다. 마음이 연민과 자애로 충만하다면 바른길을 가고 있는 것입니다.

반면 마음이 쓰라리고 화가 나고 이것저것 판단하고 오만하다면, 또 나와 남 사이에 쓸데없이 장벽을 치고 있다면, 자신이 다른 사람보다 낫다거나 선택받은 존재라고 생각한다면 이는 우리의 수행 길에 무언가가 잘못되어 있다는 이야기입니다. 그러므로 항상 점검하고 또 점검하십시오. 판단과 분별로 마음이 굳어지고 있음을 알아차릴 때 우리는 기도해야 합니다. 진리를 향해 기도하십시오. 마음이 복을 받기를, 활짝 열리기를 기도하십시오.

지고한 진리를 향해 기도하는 것이기에 마음은 항상 열려 있을 것입니다. 결국 우리는 자신 안에 늘 존재하고 있는 것에 기도하는 셈입니다. 진리는 항상 우리 안에 살고 있습니다. 밤낮으로 순간순간 머물러 있습니다. 우리 마음은 숨겨진 낙원입니다. 언젠가 열쇠를 찾아 내면에 낙원이 숨겨져 있는 그 문을 열어야 합니다. 의식 바깥에서 낙원을 찾고 있으면 환상의 세계에서 끝없이 헤매게 될 것입니다.

그러므로 숨겨진 황홀한 낙원 즉 마음이 있음을 기억해야 합니다. 마음은 축복의 나라, 사랑하고 용서하는 순수의식, 나와 남을 판단할 줄 모르는 순수의식입니다. 그것은 언제나 기꺼이 우리를 축복하려 하며 실제로 축복의 소나기를 내려 주고 있습니다.

우리는 자아라는 껍질 속에 숨어서 그 신성한 비로부터 우리 자신을 보호하고 있습니다. 그 비가 모든 환상을 깨부술까 두려운 것입니다. 그렇기에 언제까지고 자아의 껍질 속에 숨어 신성한 소나기를 피하려고만 합니다. 우리는 매 순간 축복받습니다. 따라서 궁극적으로는 아무것도 할 필요가 없습니다. 어디에도 갈 필요가 없습니다. 우리가 할 일은 자아라는 껍질 속에서 나와 스스로를 쉬게 하는 것뿐입니다. 판단하고 화내고 미워하는 자아로부터 자신을 쉬게 합시다. 그렇게 될 때 참본성을 자애와 연민을 체험할 것입니다.

인생은 짧습니다. 아무리 길어야 백 년 정도입니다. 누구를 미위할 시간이 없습니다. 누구를 판단할 시간이 없습니다. 그래서 지금 이 순간부터 남은 인생을 어떻게 보낼 것인가 하는 물음이 훌륭한 것입니다. 인생이 지극히 짧다는 사실을 잊지 마십시오. 눈 깜짝할 사이에 죽음이 옵니다. 그러므로 궁극적으로는 얻을 것도 잃을 것도 없음을 알아야 합니다. 궁극적으로는 적도 없고 친구도 없습니다. '나'조차도 없습니다. 이 순간부터 단 하나 중요한 문제는 연민, 알아차림, 지혜로 삶을 사는 것입니다. 그렇게 결심하면 마음이 열리고 지극한 행복을 체험하게 됩니다. 바깥에서 무슨 일이 일어나든 여전히 내적인 행복을 체험할 수 있습니다. 삶의 모든 상황이 진리의 신성한 춤임을 알고 있기 때문입니다. 실상이 표현되어 나타나는 상황 하나하나에 맞서 싸우고 좌지우지하려는 '나'는 더 이상 없습니다. 깨달음은 안에서 자연스럽게 꽃피어 나는 것입니다.

자부심, 판단, 공포 같은 내적인 방해물을 넘어설 때 비로소 의식의 원초적 본성 자체와 만날 수 있으며 그것이 바로 자애와 연민입니다. 자애는 모든 상황과 모든 존재를 있는 그대로 완전하다고 볼 수 있는 능력입니다. 자애는 헌신입니다. 자애는 모든 사람이 신성하다는 것을 압니다. 모든 것을 온전히 포용합니다. 그것은 갈등으로부터 벗어난 상태입니다.

자애와 연민은 다소 차이가 있습니다. 자애가 표현된 것이 연민입니다. 연민은 모든 살아 있는 존재의 고통에 공감하는 일입니다. 때때로 우리는 다른 사람의 고통을 보고 자연스럽게 연민을 느낍니다. 기억하십시오. 자애는 모든 이를 신성하게 볼 수 있는 능력입니다. 모든 것을 포용하는 자애로부터 우리는 별 노력 없이도 고통 받고 혼란에 빠진 모든 존재에 대한 연민을 체험할 수 있습니다. 다른 사람의 참본성을 신성한 것이라 인정하지 않는 한, 그들에게 순수한 연민을 가지기란 어렵습니다. 작은 자아를 나라고 생각하는 마음을 버릴 때 자애와 연민은 저절로 체험됩니다. 흡사 구름 사이로 솟아올라 환히 빛나며 어둠을 밝혀 주는 해와 같습니다.

옛날에 두 사람이 어떤 정치가를 암살하라는 명을 받았습니다. 그들은 그 정치가의 집으로 가서 그가 나타나기를 기다렸습니다. 보통 그는 저녁 일곱 시면 집에 오는데 그날은 일곱 시가 되어도 오지 않았습니다. 아홉 시, 열 시, 열한 시가 되어도 나타나지 않았습니다. 한밤중이 되어도 귀가하지 않았습니다. 마침내 암살자 두 사람은 서로를 바라보며 말했습니다. "슬슬 걱정되네. 이 사람 무사해야 할 텐데." 그들은 바로 그 자리에서 자신의 신성한 본성을 체험했으며 자신들이 암살자란 사실을 잊어버렸습니다. 죽이러 간 목표물이 그 정치가라는 것을 문득 잊은 것입니다. 모든 개념을 잃었기에 자신의 참본성을 만난 것입니다. 그들이 체험한 단 한 가지는 자애와 보살핌이었습니다.

모든 인간은 선하게 태어났습니다. 이는 우리가 항상 어떤 관습적인 도덕 윤리에 따라 최선의 행동을 하고 있다는 의미가 아닙니다. 이미 우리가 진리, 자애, 아름다움이기 때문에 우리는 선

합니다. 내적인 조건화에서 자유로워질 때 우리는 자신의 참존재를 깨닫게 되고 저마다가 더할 나위 없이 신성하다는 것을 알게 됩니다.

10
뛰어넘어야 할 것은 오직 생각

아름다운 꽃이 핀 정원에서 두 손으로 눈을
가리는 놀이를 하고 있다고 상상해 보자.
가렸던 손을 떼는 순간 아름다운 꽃들을 볼 수 있다.
그러나 눈을 가리면 다시 깜깜해져서
꽃들은 그 자리에 여전히 있지만 볼 수 없다.
생각과 우리의 관계도 그러하다.
마음이 생각에서 벗어나 자유로워지면
아름다운 진리가 눈에 보인다.
마음이 생각으로 가리면
여전히 거기 있는 아름다운 진리를
보지 못하는 것이다.

우선 깨달음이 가능한 것임을 믿어야 합니다. 우리가 준비되었을 때 언제든 예기치 못하게 깨달음이 잠시 잠깐 모습을 드러내 보이는 순간이 있음을 알아야 합니다. 위대한 스승들이 누누이 이야기한 이 말을 우리는 있는 그대로 받아들여야 합니다. 깨달음이 어느 순간에든 가능한 것임을 믿으십시오. 그러나 감정, 개념, 습관의 틀의 힘에 붙잡혀 있다면 그런 가능성에 마음을 열기가 어렵습니다. 깨달음은 틀림없이 가능하다고 누구에게나 말해 주고 싶습니다. 깨달음은 항상 우리의 문을 두드리고 있습니다. 이는 단순히 불교의 낙관적인 희소식이 아닙니다. 이것은 진리입니다.

이 진리를 신비화할 필요는 없습니다. 하지만 자아는 깨달음을 방해하기 위해 언제나 갖은 애를 썼고 개인적으로든 집단적으로든 진리가 신비화되면 이것은 자아의 짓입니다. 기독교인의 표현을 빌리자면 악마의 짓입니다. 오직 단 하나의 깨달음만이 존재할 뿐이며 이는 붓다가 깨달은 바로 그것입니다. 그럼에도 깨달음이 무엇인가를 두고 여러 이론이 갈등을 빚고 있는 것입니다.

어떤 이론이 제아무리 대단하고 신성하게 보인다 한들 그것을 뛰어넘어야 합니다. 이론은 우리와 깨달음 사이에 실제 있지도 않은 거리를 만들어 냅니다. 이는 두 가지로 나타납니다. 첫째로 깨달음이 멀리 있다고 믿을 때 우리는 에베레스트 정상에 오르라는 명령이라도 받은 것처럼 낙담합니다. 너무도 버겁고 도저히 불가능한 일이라 느끼는 것입니다. 두 번째로 우리는 무지개를 쫓는 아이처럼 깨달음을 따라다니게 될 수 있습니다. 이 경우 아무리 노력해도 어디에도 이르지 못합니다.

그렇다면 왜 지금 바로 깨어나지 못할까요? 우리가 궁극적 진리를 깨닫지 못하도록 저지하는 힘은 무엇일까요? 거대한 방해물이 존재하는 것처럼 느껴질 때가 많습니다. 하지만 막상 우리의 의식 속을 들여다보고 무엇이 우리를 저지하고 있는지 물으면 아무것도 찾을 수 없습니다. 뿔 달린 악마가 있어 우리를 방해하는 것도 아닙니다. 그런 악마라도 찾는다면 오히려 희소식이라 할 만합니다. 모두 힘을 합쳐 몸싸움이라도 벌이면 될 일입니다. 그것은 차라리 쉽습니다. 그러나 그런 악마는 없습니다. 의식 밖에서 지금 당장 깨어나지 못하도록 저지하는 것은 없습니다. 실체를 가진 방해물도 없고 방해 요소도 없습니다. 불교에 전해 내려오는 이야기 하나를 해 보겠습니다.

옛날에 한 남편이 아내에게 자신이 죽은 후에 누구와도 사귀어서는 안 된다고 말했습니다. "그렇게 하면 내가 힘센 마귀가 되어 나타나 당신 인생을 지옥으로 만들어 버리겠어." 질투가 심하던 남편이 죽자 아내는 그의 말을 곧이곧대로 받아들여 몇 달 몇 년 동안 이를 지키며 살았습니다. 그러나 어느 순간 그녀는 그 말을 잊어버렸고 마침내 다른 사람과 사귀기 시작했습니다. 그녀가 남자를 만나고 집에 돌아오니 천장에서 마귀가 갑자기 튀어나왔습니다. 무척 사나워 보였습니다. 입에서 불을 뿜어내며 마귀가 소리쳤습니다. "남자 만나고 왔지? 그렇지?" 진짜 마귀였습니다. 그녀가 만났던 남자의 옷차림을 상세히 알고 있었습니다. 키와 생김새까지 알고 있었습니다. 무서워진 그녀는 스님에게 사정을 털어놓았습니다. 스님은 쌀을 한 줌 갖고 다니라고 했습니다. 그리고 마귀가 다시 나타나면 딱 한 가지만 물어보라고 했습니다. 다음번에 마귀가 튀어나왔을 때 그녀는 스님이 일러 준 대로 쌀 한 줌을 쥐고 소리쳤습니다. "당신이 그렇게 무엇이든 다 안다면 내 손에 든 쌀알이 몇 개인지 맞혀 봐요." 마귀는 그 즉시 사라져 다시는 나타나지 않았습니다. 우리의 짐작대로 그 마귀는 사실 그녀 자신이 만들어 낸 것입니다. 마귀는 그녀의 마음 속에 있었습니다. 이 이야기가 보여 주듯이 모든 것은 마음이 지어내는 것에 불과합니다.

무엇이 우리로 하여금 진리를 깨닫지 못하도록 방해하는지 탐구하기 시작하면 거기에는 아무것도 없다는 깨달음에 이르게 됩니다. 아무런 방해물이 없습니다. 깨어나지 못하도록 저지하는 것은 아무것도 없습니다. 이는 매우 놀라운 사실이고 깨달음으로 가는 지름길이기도 합니다. 우리를 자유롭지 못하게 하는 것은 오직 우리 자신입니다. 우리를 해방시킬 수 있는 것도 자신뿐입니다. 그 책임을 받아들일 때 마침내 정신적 성숙에 도달하게 됩니다. 완전한 깨달음을 이루기 위해서는 정신적 성숙이 필요하며 이 사실을 깨달을 때 우리는 수행의 길을 갈 준비가 된 것입니다.

아직도 어떻게 깨어나야 하는지 모르겠다면 시간 날 때마다 명상하면서 이 질문에 주력하기를 권합니다. "나의 참본성 곧 나의 불성을 깨닫지 못하도록 나를 방해하는 것이 무엇인가?" 이는 대단히 강력한 문제 제기입니다. 나 자신이 해 온 명상 수행에 근거해 이 말을 들려주는 것입니다. 이것은 내가 좋아하는 명상법 중 하나입니다. 내가 깨어나지 못한 것에 대해 그 누구도 무엇도 탓할 수 없는 자리로 나를 항상 이끌기 때문입니다.

마음을 활짝 열고 모든 이론과 추측을 놓아 버리십시오. 머릿속으로 지어낸 공상들에 마음을 빼앗기지 마십시오. 다만 무엇이 자신을 방해하는지 이 물음만 전심전력으로 용감하게 파고들어 가십시오. 우리가 할 일은 이것이 전부입니다. 이따금 혼자 있을 때 입은 옷을 모두 벗어 버리고 하늘에 대고 큰 소리로 "지금 당장 깨닫지 못하게 누가 방해하는 거야?" 하고 외쳐도 좋습니

뛰어넘어야 할 것은 오직 생각 155

다. 혹은 그저 진리를 향해 그렇게 물어볼 수도 있습니다. 두 경우 모두 답을 얻을 수 없습니다. 그런 존재는 없기 때문입니다. 우리를 방해하는 것은 아무것도 없고, 그러니 절대로 답을 찾을 수 없습니다. 만약 누가 답을 안다고 한다면 그 사람은 분명 거짓말을 하고 있는 것입니다.

그다음에는 이렇게 물을 수 있습니다. "나를 막는 그 어떤 방해물도 없다면 왜 나는 지금 당장 깨어나지 못하고 있는가?" 잘 보십시오. 그러면 우리가 자신의 생각에 붙잡혀 있음을 알게 됩니다. 일어나고 있는 일은 그것뿐입니다. 윤회는 자신과 생각을 동일시하는 일에 지나지 않습니다. 있는 것은 그것뿐입니다. 생각 이외에는 아무것도 없습니다.

베트남 전쟁에 참가한 군인 한 사람을 여러 해 전 미국 루이지애나 주의 소도시에서 만난 적이 있습니다. 그는 내 가르침에 무척 마음 아파 했습니다. 참전한 사실에 죄의식을 느낀다며 울음을 터뜨렸습니다. 스스로가 구원받을 길 없는 죄인 같다는 것이었습니다. 그는 어떻게 하면 좋을지 자신에게 해 줄 말은 있는지 물었습니다. 바로 그 자리에서 내 머릿속에는 한 마디도 떠오르지 않았습니다. 그래서 잠시 동안 앉아 명상하고 기도했습니다. 그 기도로 말미암아 마침내 내 입에서는 이런 말이 나왔습니다. "실제로 그 일은 과거에 일어났던 것입니다. 당신은 현재에 살아야 합니다. 당신이 과거에 한 일을 용서하고 안 하고의 문제가 아닙니다. 당신의 행동이 훌륭하다거나 고귀하다는 이야기도 아닙니다. 궁극적 의미에서 실제로 당신의 생각과 관념, 죄의식, 부끄러움을 당신 자신과 동일시하는 일만이 있을 뿐입니다. 그것을 놓아 버리세요. 지금 바로 이 순간에 자유로워질 능력이 당신에게는 있습니다." 당시 그 사람은 내가 하고 싶었던 말을 이해했을 것입니다. 그는 만면에 미소를 띠고 있었습니다. 그 후로 그를 만난 적은 없지만 항상 나는 그가 마음 깊이 내 말을 간직하고 있기를 바랍니다.

우리 의식 속을 들여다보면 마음이 일생 동안 무수히 고통 받아 왔음을 알 수 있습니다. 마음은 언제나 괴로워했습니다. 어쩌면 완전히 평화로웠던 적은 단 한 번도 없었을지 모릅니다. 바로 이것이 우리가 맺는 관계의 토대입니다. 마음이 고통 받아 왔기에 우리는 함께 모여서 해방감을 찾고, 늘 그곳에 존재하는 마음의 고통과 혼란을 초월할 방법에 대한 답을 구합니다. 법회에 참석하고 워크숍에 가고 절에 가서 침거하고 온갖 방법과 특별한 수행을 시도하는 것은 이 때문입니다. 마음의 고통으로부터 자유로워지고 해탈하기 위해 그렇게 하는 것입니다. 우리 마음은 결코 완전히 평화롭거나 완전히 깨닫거나 완전히 평온했던 적이 없습니다. 지금 당장 마음을 들여다보더라도 그곳에 해묵은 짐, 고통, 슬픔, 혼란이 가득 쌓여 있음을 알게 될 것입니다. 그러나 거기에는 생각 이외에 정말 아무것도 없습니다.

미움 때문에 괴롭다고 해 봅시다. 어릴 적 누군가로부터 상처 받았다는 생각에 그 사람을 미워한다고 합시다. 특히 서구 세계에서는 이것이 보편적인 문제인 듯합니다. 수많은 사람이 부모에 대해 엄청난 분노와 증오심을 가지고 있습니다. 처음 미국에 왔을 때 나는 이 사실을 접하고 큰 충격을 받았습니다. 많은 사람이 자신에게 상처를 준 부모나 다른 사람에 대한 격렬한 분노를 체험하고 있습니다. 궁극적으로 이 역시 생각입니다. 바로 지금 이 순수한 순간에는 더 이상 어떤 것도 존재하지 않습니다. 그것은 실재하는 것이 아닙니다. 다시 말해 실제로 우리가 정말 지니고 다니는 것은 생각 다발일 뿐입니다. 이 생각들을 다 놓아 버릴 때 그 밖의 아무것도 필요하지 않습니다. 우리는 자유로운 것입니다.

가난에 대해 생각해 봅시다. 우리가 매우 가난하다고 생각해 보십시오. 실제로 우리는 이런 생각들로 자신을 괴롭힐 수 있습니다. '내게는 그럴듯한 차가 없어. 옆집은 우리 집보다 훨씬 근사해. 정말이지 꼭 있어야 할 것들이 내게는 없다니까.' 이 경우 돈을 벌어서 좀 더 나은 것을 사려고 노력합니다. 돈을 더 벌고 좀 더 보수가 많은 일자리를 찾고, 이런 노력에 에너지를 모두 써 버립니다. 그런데 물질적인 것을 풍족하게 가지고 난 후에도 여전히 마음은 고통스럽습니다. 이는 삶의 외부적 상황을 바꾸고자 아무리 노력해도 우리의 문제가 결코 해결되지 않는다는 사실을 보여 줍니다. 가난하다는 개념을 초월하고 놓아 버릴 때 우리는 바로 그 자리에서 상상 속의 문제로부터 벗어나는 것입니다. 참 본성은 가난하거나 부유하다는 것 너머에 있습니다.

괴로울 때 발버둥 치고 있을 때 박으로 나가 삶에서 무엇이 문제인지 알아내려 하지 마십시오. 차를 다루듯이 삶을 대해서는 안 됩니다. 자동차에 문제가 생기면 우리는 나가서 보닛을 열고 엔진에 문제가 있는지 살펴본 뒤 그것을 수리합니다. 그러나 삶은 자동차와 같지 않습니다. 삶은 내부의 의식입니다. 우리 외부에 있는 어떤 것이 아닙니다. 고통 받고 괴롭고 장애를 느낄 때면 우리의 의식을 들여다보아야 합니다. 그 즉시 우리가 사악한 생각과 사악한 관계를 맺고 있음을 알게 될 것입니다. 있는 것은 그것뿐입니다. 바로 그 생각뿐인 것입니다.

생각은 특정한 관념과 어떤 목소리와 함께 나타납니다. '나는 착해.' '나는 나빠.' '나는 가난해.' '나에게는 이것이 없어.' '나에게는 저것이 없어.' '나는 깨닫지 못했어.' 그것은 항상 어떤 개념과 어떤 믿음 체계와 연관됩니다. 궁극적 진리를 깨달을 때까지 우리는 우리의 생각에 완전히 지배받습니다. 생각들은 우리에게 지시를 내리는 실재입니다. 그러므로 이런 의미에서 생각은 궁극적인 프로파간다의 제국입니다. 생각은 언제나 현실에 색깔을 부여하고 현실을 규정합니다.

나는 십 년 전쯤에 티베트로 돌아간 적이 있습니다. 티베트 사람에게는 재산이나 물질적인 풍요라 할 만한 것이 없습니다. 거의 아무것도 소유하고 있지 않음에도 그들의 마음은 남부럽지 않게 풍요롭습니다. 미국에서 돌아갈 때 나는 선물을 샀지만 나눠 주기가 망설여졌습니다. 티베트 사람들 대부분이 순수하고 행복하기 때문이었습니다. 어쩌면 내가 그들의 마음을 더럽힐 수도 있겠다는 생각이 들었습니다. 마음이 활짝 열려 있고 자애로우며 더없이 넉넉한 그들에게 어쭙잖은 선물로 덫을 놓고 싶지 않았습니다.

지난 몇 년간 미국에서 나는 대단한 부자들을 만났습니다. 그들의 얼굴은 몹시 불행해 보였습니다. 그런데 티베트 시골에 사는 성실하고 선한 마음을 지닌 사람들, 자비와 지혜의 길에 절대적으로 헌신하는 이들의 얼굴을 들여다보았을 때 그들의 마음이 더없이 풍요로워 남부럽지 않은 부자임을 알 수 있었습니다. 신기하게도 아무것도 가진 것 없는 티베트 사람들이 수백만 달러를 가진 미국 사람들보다 백배는 더 행복한 것입니다. 최종적으로 삶에서 문제 될 것은 아무것도 없습니다.

우리는 오직 두 영역에만 살 수 있습니다. 하나는 열반 즉 깨달음입니다. 다른 하나는 윤회 즉 원래 우리 자신의 의식 상태인 무지한 세계입니다. 흔히 윤회는 외부의 어딘가에 있는 것이라 생각하지만 그렇지 않습니다. 그렇게 생각하기 때문에 현실과 갈등을 빚는 것입니다. 자아는 어느 때고 현실을 정복하려 애쓰며 그 노력 자체가 우리의 괴로운 삶의 이유가 됩니다. 그러므로 우리는 현실과의 싸움을 그치고 내부로 시선을 돌려야 합니다. 그러면 윤회가 우리 안에 있으며 그것이 우리의 생각에 붙잡혀 있는 상태임을 깨닫게 됩니다. 죽음조차 생각입니다. 누구나가 동의하는 현실과 맞아떨어지지 않기에 이 말은 파격적으로 들릴지도 모르겠습니다. 그러나 모든 사람이 동의하는 현실이야말로 집단적 무지에 의해 결정되는 현실인 것입니다. 만약 한 순간이라도 우리의 모든 생각을 뛰어넘는다면 열반은 바로 우리 내부에 있는 도저히 말로 표현할 길 없는 것임을 깨닫게 됩니다.

고통 받는다는 것은 우리가 한 생각에 매달려 있다는 뜻입니다. 행복하다고 느낀다 해도 이 역시 우리가 체험하는 또 다른 생각에 지나지 않습니다. '나'라는 감각 또한 생각입니다. 그토록 생생하고 구체적이라 믿는 '나'란 궁극적 의미에서는 존재하지 않습니다. 그것은 단지 생각일 뿐입니다. 우리가 일생에 걸쳐 지켜 오고 있으며 남은 생 동안에도 기꺼이 지켜 나갈 '생각'입니다. 참으로 대단한 착각 아닙니까? '나'란 그저 생각임에도 우리는 끊임없이 이 '나'의 안위를 걱정합니다. '나'는 잘 자고 있나? 잘 먹고 있나? 건강보험에는 들었나? 치아는 어떤가? 치과 검진은 받았나? 머리 모양은 멋진가?

우리가 체험할 수 있는 가장 자유롭고 행복한 알아차림은 이 '나'가 거짓이라는 것입니다. 간혹 우리는 이를 깨닫고 매우 홀가분해집니다. 물론 그렇게 자주 일어나는 일은 아닙니다. 아마 누구나 이 같은 홀가분한 체험을 해 보았을 것입니다. 때로 깨달음은 고요히 명상을 거듭하거나 그런 알아차림 속에 사는 사람과 함께 있을 때 일어납니다.

우리의 참본성은 예나 지금이나 늘 완전합니다. 개선될 필요도 없고 결코 변화할 수도 없습니다. 더할 나위 없이 경이로운 것입니다. 참본성은 본질적으로 신성합니다. 그러나 생각과 충동이 참본성을 가리기 때문에 항상 그것을 체험하지는 못합니다. 명상 수행은 순간순간 그런 생각들을 뛰어넘기 위해 노력하는 일입니다. 가끔씩 경전이나 주문을 외는 것은 알아차림을 유지하는 데 도움이 되므로 좋습니다. 알아차림은 생각들을 훌쩍 뛰어넘은 상태입니다.

사람들은 종종 생사를 초월한다는 이야기를 합니다. 오만한 생각입니다. 그렇지 않습니까? 또한 윤회를 뛰어넘는다는 이야기도 하는데 이 역시 오만한 소리입니다. 윤회가 없는데 어떻게 뛰어넘을 수 있습니까? 윤회건 생사건 뛰어넘으려는 노력을 그냥 잊으십시오. 모든 환상적이고 영광스럽고 영웅적인 개념을 모조리 잊어버리십시오. 그런 개념들에 의지하면 깨달음이 인간의 성취 너머에 있다고 생각하게 됩니다. 개념들은 의도적으로 지금 있는 그대로보다 상황을 어렵게 합니다. 윤회란 없습니다. 무엇보다 뛰어넘어야 할 삶과 죽음이 없습니다. 뛰어넘어야 할 것은 오직 우리의 생각입니다. 생각이 없으면 고통도 없습니다. 있는 것은 오로지 생각뿐입니다.

이는 단순히 이론이 아닙니다. 그런데 생각을 뛰어넘는다는 것은 무슨 뜻인가요? 생각을 믿지 않는다는 뜻입니다. 자신의 생각을 믿지 않을 때 우리는 항상 깨어 있습니다. 생각을 그대로 믿는 것은 무지의 상태입니다. 우리 모두가 기억해야 할 말이 있습니다. 고통 받을 때마다 스스로에게 이 말을 들려주십시오. "내가 내 생각에 붙잡혀 있구나." 그러면 기도하고 싶어지고 도움을 청하고 싶어질 것입니다. 생각을 뛰어넘을 힘을 청하십시오.

생각을 믿지 않는 순간이야말로 자신의 모든 생각을 단념하고 내려놓고 진리 앞에 항복하는 완전한 순간입니다. 마음챙김과 알아차림을 행할 때마다 우리는 모든 생각을 내놓을 수 있습니다. 사찰에는 법당이 있고 법당 안의 상단에는 물, 꽃, 쌀 등 공양물이 마련되어 있습니다. 그러나 궁극적인 공양물은 생각입니다. 아무 집착 없이 공에 모든 생각을 바치는 것이 무엇보다 수준 높은 공양입니다. 진리의 영역에 생각을 바칠 때마다 우리는 더없이 행복한 깨어남을 체험하고 있는 것입니다.

우리 의식 속에는 생각들이 추는 춤이 있습니다. 이를 없앨 필요는 없습니다. 주의를 기울이면 그 모두가 대단히 낯익은 생각들이라는 것을 알게 됩니다. 그 생각들은 우리의 이웃이며 룸메이트입니다. 우리 의식의 습관적 틀입니다. 그 생각들은 마치 살아 있는 양 우리를 쫓아다닙니다 우리가 생각에 집착하고 있을 때 그것은 굳어지며, 우리를 내적 고통에 매어 놓는 사슬인 개념과 믿음 체계 더미로 변하게 됩니다.

아름다운 꽃이 핀 정원에서 두 손으로 눈을 가리는 놀이를 하고 있다고 상상해 봅시다. 가린 손을 떼고 눈을 뜨는 순간 연꽃, 백합, 해바라기 등 아름다운 꽃들을 볼 수 있습니다. 그러나 손으로 가리면 다시 눈앞이 깜깜해지고 꽃들은 그 자리에 여전히 있지만 우리는 볼 수 없습니다. 생각과 우리의 관계도 이와 같습니다. 마음이 생각에서 벗어나 자유로워지면 아름다운 진리가 눈에 보입니다. 생각들이 마음을 가리면 여전히 거기에 있는 아름다운 진리를 보지 못하는 것입니다.

붓다와 나가르주나, 샨티데바, 마칙 랍드론 같은 큰 스승들은 깨달음으로 가는 참된 길을 환히 비추어 왔습니다. 그들이 전하는 바는 언제나 타협 없이 단순하고 올곧은 것이었습니다. 그들은 모든 믿음 체계를 넘어서라고 가르쳤습니다. 그러나 마음은 생각과 충동을 움켜쥐려는 고질적인 성향을 가지고 있기에 우리로 하여금 해탈을 이루지 못하게 하는 길은 여전히 존재합니다. 수행은 의식 속에 달라붙은 모든 것으로부터 자유로운 일이어야 합니다.

그럼에도 불구하고 여전히 좀 더 많은 정보와 지식, 한층 더 확실한 안전, 특히 안전하다는 느낌을 끌어모으는 수행을 해 나가는 스스로를 발견할 수도 있습니다. 그러므로 수행의 본질을 점검하고 그 수행이 자신의 생각을 뛰어넘는 것인지의 여부를 제대로 살피는 편이 좋습니다. 마음을 무턱대고 믿지 마십시오. 생각을 믿어서는 안 됩니다. 마음을 더 이상 믿지 않을 때 비로소 내면의 궁극적인 자유를 체험할 것입니다. 우선 뛰어넘어야 할 고통이 없고 늙음과 병과 죽음이 따로 없기에 우리는 항상 자유롭습니다. 이는 보편적이며 타고난 우리의 권리입니다.

무엇을 기다립니까? 의심과 두려움을 모두 놓아 버릴 순간이 지금입니다. 영원한 자유의 낙원으로 통하는 문을 향해 한 걸음

떼어 놓을 순간이 지금입니다. 미적대지 않고 생각을 뛰어넘는 법을 제대로 알 때 깨달음으로 가는 지름길인 소중한 앎을 얻은 것이라 할 수 있습니다.

11
모든 한계를 넘어서 가기

우리는 꽉 찬 커다란 배낭 하나를 늘 마음속에 짊어지고 있다. 이따금 그것을 내려놓고 싶은 생각이 굴뚝같다. 이 짐이 우리의 일부가 아님을 알아야 한다. 이를 깨닫는 것은 배낭을 내려놓는 행위다. 우리가 할 수 있는 유일한 참된 수행이다. 해야 할 것이 아무것도 없다. 명상이란 궁극적으로 모든 것을 멈추는 일이다.

인간이 품을 수 있는 최상의 열망은 초월을 성취하는 것 곧 모든 한계를 넘어서는 것입니다. 이런 이유로 수행 길에 들어섰다면 제대로 된 방향으로 가고 있는 것입니다. 시간이 흐르면서 온갖 이유와 동기가 끼어들어 뒤섞이기도 하지만 이 기본적 열망은 그 자체로 순수합니다. 열렬한 연애와 마찬가지로 이 열망은 강력한 힘입니다. 실제로 수행 역시 사랑에 빠지는 일입니다. 우리는 진리 즉 진정한 자유와 사랑에 빠집니다. 수행을 해 나가는 중에 우리는 '헌신'이란 말을 자주 듣습니다. 그러나 진리와 사랑에 빠지는 일이야말로 단 하나의 진정한 헌신이며 이것이 윤회로부터 깨어나도록 우리를 돕습니다.

동양에서는 끝없이 실망할 수밖에 없는 삶을 산다는 의미에서 이를 윤회라 부릅니다. 수백만 명이 여기에서 벗어날 길을 찾고 있습니다. 윤회로부터 자유로워지고자 혹독한 고행까지 하는 수행 전통도 오래전부터 있어 왔습니다. 그중에는 스스로 자신의 몸에 매질하거나 단식하거나 하는 극단적인 방법들도 있습니다. 이런 수행을 하는 사람은 인생이란 슬픔으로 가득 차 있고 육체는 죄악 덩어리라 생각하는 것입니다. 붓다의 접근법에서 독창적인 점은 '중도'입니다. 붓다는 윤회란 육체나 인생 자체의 탓이 아니라고 가르칩니다. 윤회는 마음이 깨어나지 못한 상태입니다.

대개 우리는 윤회를 환경 탓으로 돌립니다. 어떤 문제가 생기면 삶을 무의미한 고역이나 기쁨 없는 투쟁으로 여기곤 합니다. 이때 우리는 비극적 인생관을 갖습니다. 마음이 점점 까칠해지고 매사에 화를 냅니다. 자신의 불행에 대해 신이나 다른 사람 탓을 합니다. 요즘 세상에는 웬만하면 부모가 최선을 다해 자식을 키우는데 무슨 일만 생겼다 하면 자식은 그것을 전부 부모 탓으로 돌립니다. 사실 우리가 맞서 싸우는 모든 문제는 실제로 존재하지 않습니다. 깨닫지 못한 마음이 지어낸 것일 뿐입니다.

우리의 가장 큰 문제 중 하나는 죽음에 대한 생각입니다. 우선 그 문제는 죽는 자가 결코 없으니 죽음조차 존재하지 않는다는 것입니다. 이 '나'라는 생각이 커다란 망상입니다. 망상 없는 삶은 진정 아름답습니다. 망상만 없다면 우리는 세상 모든 이와 나눌 사랑과 기쁨이 마음속에 넘치는 것을 느낄 수 있습니다.

우리는 인생에 환멸을 느끼고 도피로써 의미를 찾으려는 이상주의자들을 간혹 만나게 됩니다. 하지만 마음속에서부터 자유로워지지 않는 한, 어디를 간들 이런저런 문제와 마주칠 뿐입니다. 우리가 가진 대부분의 문제는 마음이 만들어 낸 것입니다. 이 사실을 제대로 알기만 하면 괴로워질 것인지 행복해질 것인지 원하는 대로 선택할 수 있습니다. 우리 존재의 자연스러운 상태는 항상 완전하게 행복한 것입니다. 행복과 자유는 타고난 권리입니다. 행복과 자유를 바깥에서 찾아 헤매는 것은 시작부터 잘못된 일입니다.

  붓다가 깨달음을 얻었을 때 체득한 것은 굳이 찾을 열반조차 없는 경지였습니다. 그 후로도 붓다는 깨어난 마음을 결코 잃지 않았습니다. 그것이 붓다가 이룬 깨달음입니다. 그 순간부터 붓다는 구하고 찾는 일을 멈추었습니다. 붓다는 모든 것을 넘어서 갔습니다. 반야심경에 나오듯이 "얻음도 없고 얻지 않음도 없으니……" 얻음은 궁극적인 의미에서 볼 때 하나의 관념입니다. 우선 무엇인가 얻으려 애쓰는 그자가 누구인가? 그곳에 누가 있는가? 무엇을 얻을 것인가? 이원성을 넘어서면 이런 관념은 바로 그 자리에서 의미를 잃습니다. 깨달음과 망상은 같은 동전의 양면일 뿐입니다. 그 동전은 우리가 다른 것과 분리되어 있다는 환상을 일으키는 큰 무지입니다. 진리 자체는 모든 것의 하나 됨입니다.

  깨달음은 있기도 하고 없기도 합니다. 이 말은 모순되는 것이 아닙니다. 물론 깨달음은 있습니다. 자유와 해탈이 있기 때문입니다. 그러나 우리 외부의 어떤 장소를 필사적으로 추구한다면 깨달음은 없는 것입니다. 생각해 보십시오. 깨달음을 추구하는 사람은 누구입니까? 바로 지금 제대로 알아차린다면 그 알아차린 사람 역시 모든 것을 찾아 헤매는 똑같은 '나'임을 알 수 있습니다. 명성을 추구하는 사람은 누구입니까? 쾌락을 추구하는 사람은 누구입니까? 진리에 이르는 길을 찾는 사람은 누구입니까? 모두 똑같은 '나'입니다. 깨달음을 추구하는 '나'도 똑같은 '나'입니다. 이 '나'는 어떤 때는 신성하지만 또 천박하기도 합니다. 이 '나'의 옷장에는 온갖 가면이 준비되어 있습니다. 거룩한 자의 가면도 있고 형편없는 자의 가면도 있습니다. 누군가의 목을 비틀고 싶어 하는 '나'가 깨달음을 추구하는 그 '나'인 것입니다. 모든 것이 '나'의 작용입니다. 선한 '나'란 없습니다. 악한 '나'도 없습니다. 오직 하나의 '나'만 있으며 그것이 '자아'라 불리는 것입니다. 자아는 마음의 산물입니다. 우리가 진짜 누구인가 하는 것과는 전혀 상관이 없습니다.

모든 문제는 이 '나'가 만들어 낸 것이라는 이야기입니다. 이는 영겁의 시간 동안 축적해 온 습관과, 업을 쌓으려는 성향의 영역입니다. 우리는 어디를 가든 무엇을 하든 꽉 찬 커다란 배낭 하나를 마음속에 짊어지고 있습니다. 이따금 그것을 내려놓고 싶은 생각이 굴뚝같습니다. 이 짐이 우리의 일부가 아님을 우선 알아야 합니다. 우리 것이 아닙니다. 이를 깨닫는 것은 배낭을 내려놓는 행위에 해당합니다. 우리가 할 수 있는 유일한 참된 수행은 바로 이것입니다. 그 밖의 것은 모두 마음을 분산시키는 일에 불과합니다. 아이들 놀이처럼 잠시 즐겁기 위해 하는 것입니다. 수행이라는 것의 상당수가 우리에게 도움이 되지 못합니다. 좀 더 신성한 내용물로 배낭을 채우는 것이 될 뿐입니다. 아름답게 반짝이는 보석으로 우리의 사슬을 장식하는 일에 지나지 않습니다. 그래서 붓다는 살아 있는 동안 이런저런 잡다한 수행법들을 택하지 않은 것입니다. 그는 '자아'라 불리는 '나'라는 그릇된 생각을 자신과 동일시하기를 그만두는 길을 택했습니다.

시간이 가면 마음속의 습관이 잡초처럼 자라납니다. 구르는 눈덩이처럼 커져 마침내는 원래 모습을 잃고 맙니다. 명상은 이 구르는 눈덩이를 멈추는 길입니다. 우리에게는 두려움, 미움, 판단의 습관이나 폭력과 공격의 습관이 있습니다. 이런 습관들을 무수히 가지고 있기에 명상을 하더라도 그것이 황홀한 여행이 되리라는 기대를 품으면 안 됩니다. 처음에는 명상이 잘 안되고 짜증 날 수 있습니다. 나는 자주 이런 말을 합니다. 처음에는 명상이 거대도시의 정화조를 여는 일이나 다름없을 것이라고.

요즘에는 휴양지에 가서 마사지를 받거나 온천욕을 하거나 요가와 명상을 하는 사람이 많습니다. 사람들은 명상이 몸과 마음의 긴장을 푸는 방법이라고 생각합니다. 젊어지게 하고 주름살을 펴 주는 방법이라 생각합니다. 명상을 하면 언제까지나 매력적인 외모를 유지할 것이라 생각합니다. 그러나 명상은 이런 것이 아닙니다.

명상은 스트레스 완화 프로그램이 아닙니다. 물론 명상을 스트레스와 근심 걱정을 줄이는 한 방편으로 쓰는 것은 좋습니다. 몸에 해로운 것을 섭취하거나 텔레비전 앞을 떠나지 못하는 중독자가 되거나 아이스크림만 먹는 폭식증 환자가 되기보다는 명상을 하는 것이 훨씬 건강한 방법이기는 합니다. 앞에 말한 것들이 스트레스를 줄여 줄지는 모르겠지만 건강한 방법으로 줄여 주지는 않을 것입니다. 하지만 스트레스 완화가 명상의 주안점은 아닙니다. 이는 명상에 물을 타서 농도를 묽게 만든 것입니다. 명상의 목적은 특별합니다. 명상은 모든 것을 초월하는 방법입니다. 스트레스를 줄이는 방법은 많습니다. 바닷가나 온천에 가면 됩니다. 그러면 긴장을 풀 수 있습니다. 명상을 토대로 한 스트레스 완화 프로그램에 절대 참여하지 말라는 이야기는 아닙니다. 그것은 매우 건강한 활동입니다. 다만 그와 같은 건강 추구가 명상의 전부는 아니라는 것입니다.

명상은 우리에게 도전적인 것이어야 합니다. 스스로에게 물어 보십시오. "내가 하고 있는 명상은 내게 도전으로 다가오는가?" 만약 그렇다면 진전을 보이고 있는 것입니다. 하지만 수행이 그저 위안이나 되는 정도라면 제대로 되고 있지 않은 것입니다. 빨간불이 켜진 것입니다. 큰 문제가 있는 것입니다. 수행은 곰 인형 같은 것이어서는 안 됩니다. 아름답고 감상적인 기분을 불러일으키는 '발랑 까진' 체험이어서는 안 됩니다. 때때로 사람들은 이렇게 말합니다. "나는 명상이 좋아요. 위안이 많이 되거든요. 긴장도 풀어 주고." 도전은 의식 속에서 일어나야 합니다. 참된 길은 우리 실재의 핵심 자체에 도전하는 것이어야 합니다. 우리가 누구인가? 우리 현실이 무엇인가? 이 개념 하나하나에 도전하고 깨부수는 것이어야 합니다. 명상이란 우리 의식 속에 불을 불러들이는 것과 같습니다. 그것이 진정한 명상입니다. 그렇지 않다면 제아무리 세계 최고의 명상가라 해도 문제는 여전히 덩어리째 그 자리에 남아 있게 됩니다. 도전 없이는 의식 속에서 아무것도 진정으로 일어나지 않습니다. 명상은 달콤한 사탕을 빨아먹는 것 이상의 결과를 내지 못합니다. 사탕을 먹으면 기분이 좋지만 의식 속에서는 아무 일도 일어나지 않습니다. 우리는 명상가이면서도 여전히 무의식 상태일 수 있습니다.

그렇다면 명상이란 대체 무엇입니까? 실제로 명상은 모든 것을 놓고 싶다는 진정한 열망에서 시작됩니다. 다르마의 정의도 집착 없음이고 수행의 길을 가는 목적도 집착 없음이라는 것을 기억하십시오. 이런 글이 있습니다.

> 아무 집착도 없었으며
> 아무 집착도 없으며
> 아무 집착도 없을 것이다

이러한 관점에서 볼 때 명상은 심오하면서도 단순합니다.

자전거를 타 본 적이 있습니까? 자전거는 저절로 달리지 못합니다. 누군가가 페달을 밟아야만 달립니다. 우리가 페달을 밟다 멈추는 순간 자전거는 넘어집니다. 깨닫지 못한 의식 또한 이와 같습니다. 혼자 힘으로 언제까지고 움직일 수 없습니다. 우리가 영속시키기를 멈추는 순간 그것은 죽습니다. 다른 모든 것과 마찬가지로 저절로 죽습니다. 명상은 무슨 일을 하거나 어느 곳에 가거나 무엇을 얻는 일과는 다릅니다. 그것은 깨닫지 못한 의식에 먹이 주는 일을 멈추는 방법입니다.

조용히 앉아 지금 여기에 집중하고 있으면 어떤 일이 일어날까요? 아무 일도 일어나지 않습니다. 때로 모든 것이 사라진, 몹시 홀가분하고 환한 순간이 있습니다. 자아가 스러진 것입니다. 모든 이야기가 사라지고 보편적인 '하나 됨'이 우리 앞에서 춤추고 있습니다.

진정한 명상의 영역에는 명상하는 자도 명상하는 행위도 없습니다. 해야 할 것이 아무것도 없습니다. 일어나는 유일한 일은 우리가 더 이상 망상을 만들고 있지 않다는 것, 그래서 모든 망상이 스러지기 시작했다는 것입니다. 우리는 이를 여러 차례 체험했을 것입니다. 불교의 큰 스승 샨티데바는 이런 경지를 암흑 속에서 갑자기 번개가 번쩍해 하늘이 온통 환하게 드러나는 것에 비유합니다. 여기서 암흑이란 습관에 찌들고 일생 동안 업을 쌓으려는 성향에 찌든 우리의 구태의연한 의식입니다. 번개는 깨달음의 체험입니다.

우리가 망상의 바퀴 즉 윤회를 돌리는 페달 밟기를 멈추었기 때문에 이 비유를 통해 명상의 영역에서 무슨 일이 일어나는지 잘 알 수 있습니다. 요컨대 우리는 궁극적으로 아무것도 하지 않아도 된다는 것입니다. 아무것도 하지 않는 것은 다른 어떤 일보다 힘든 것입니다. 무언가를 하고 있으면 망상의 바퀴가 돌아가게 되므로 무언가를 하는 편이 더 쉽습니다. 무엇을 좋아하거나 싫어한다고 정하면 우리는 망상을 위한 이야기를 하고 있는 것입니다. 자아에게 먹이를 주고 있는 것입니다. 망상의 바퀴를 계속해서 돌리고 있는 것입니다. 자신을 다른 사람과 비교할 때마다 그것은 망상의 바퀴에 또 한 번 연료를 공급하고 있다는 뜻입니다. 미움과 자만심을 계속 지니면 다시 한 번 망상의 바퀴를 돌려 주고 있는 셈입니다. 눈덩이를 열심히 굴려 점점 무겁고 두텁게 만들고 있는 것입니다.

명상이란 궁극적으로 모든 것을 멈추는 일입니다. 구르는 눈덩이를 더 굴리는 일을 멈추고 자전거 페달 밟기를 멈춥니다. 할 수 있는 일이 아무것도 없기에 아무 일도 하지 않습니다. 그 순간부터 우리에게는 더 이상 어떤 짐도 없습니다. 진리가 모든 것을 아우릅니다. 그 순간부터는 진리가 기꺼이 기존의 토대, 모든 슬픔과 괴로움의 토대를 부숩니다. 진리는 우리를 위해 그 일을 합니다. 우리는 그저 모든 것을 멈추기만 하면 됩니다. 명상이란 그런 것입니다.

옛날에는 수행자들이 명상 수행을 위해 여러 가지 방법을 썼습니다. 하지만 명상은 오직 한 가지뿐입니다. 아무것도 하지 않는 상태입니다. 어딘가에 도달하려 애쓰는 것을 멈추고 내적인 노력을 모두 놓아 버리면 놀랍게도 형언할 수 없는 진리가 모습을 드러냅니다. 바로 그것입니다. 달리 찾을 것이 아무것도 없습니다. 진리를 깨달으면 우리는 가공의 자아라는 감옥으로부터 자유로워집니다. 깊이 명상하면 틀림없이 자아가 녹아 없어지는 것을 목격하게 됩니다. 자아가 여전히 언저리에 들러붙어 있다면 아직 깊이 들어가지 못한 것입니다. 이는 기도의 경우에도 마찬가지입니다.

기도가 꼭 종교적인 행위라고는 할 수 없습니다. 기도의 숨은 의미는 자아를 항복시킨다는 것입니다. 불교에서의 기도는 다른 종교의 경우에서만큼 중요하지는 않습니다. 원래 기도란 자아와 신을 나누는 이원성을 인정하는 데서 출발합니다. 불교에서 기도의 목적이 어떤 것을 얻기 위함이 아니라 애지중지하는 '나'를 포함해 오히려 모든 것을 잃기 위함이라는 사실을 알고 충격을 받는 사람도 있을 것입니다. 하지만 걱정할 필요는 없습니다. 우리의 그릇된 개념을 제외하고는 아무것도 잃지 않습니다. 자신을 잃는다는 생각 자체도 결국에는 녹아 없어집니다. 버릴 것도 얻을 것도 없습니다.

모든 것을 멈추기란 몹시 힘든 일이므로 처음에는 명상이 힘들 것입니다. 자아는 환상의 세계를 쌓아 올리도록 무엇인가를 하게끔 훈련받아 왔고 그것이 습관화되어 있습니다. 자아는 열심히 일합니다. 항상 말을 쏟아 냅니다. '나'라는 개념의 온갖 이야기들을 언제까지고 끌고 가기 위해 줄거리를 지어냅니다. '나는 명상하고 있다.' '나는 실재한다.' '나는 진정으로 명상하고 있고 이제 진전이 있는 것 같다.' '나는 깨달음을 추구한다.' 이 같은 생각이 바로 자아가 스스로를 영속화하는 방법입니다. 머지않아 우리는 머릿속에서 벌어지는 마음의 장난과 무의식적인 습관들을 모두 예리하게 알아차릴 것입니다. 그리고 모든 마음의 습관이 사라지고 나면 명상 역시 사라질 것입니다. 병이 나으면 의사는 더 이상 필요 없습니다.

  어느 불교 스승이 이르기를, 마음의 습관을 깨부술 유일한 방법은 반년 동안 매일 108번의 명상 시간을 유지하는 것이라 했습니다. 하루에 108번의 명상 시간을 가지는 일이 가능하겠습니까? 이 스승이 말하는 바는 명상 수행을 일상 속으로 가져와 생활하고 있을 때에도 실천하라는 것입니다. 실제로 이것은 쉬는 기술과 비슷합니다. 우리는 쉽니다. 이 쉬는 일을 108번 하라는 것입니다. 그저 쉬면 됩니다. 멈추면 됩니다. 마음의 습관을 지속시키기를 멈추고 지금 여기에 쉬는 것입니다. 알아차림 상태로 돌아오는 것입니다. 하루에 108번 알아차리는 것입니다. 하루에 108번 하는 것이 힘들다면 하루에 20번만 그렇게 해 봅시다. 그것도 어렵다면 하루 10번 아니 그 이하도 좋습니다. 하루에 108번 하려면 이미 상당한 수행이 되어 있어야겠지만 어쨌든 시도할 만한 일입니다. 우리가 일상생활을 하면서도 매일 알아차림 상태를 유지할 수 있는 방법이 이것입니다. 절에 들어가지 않는 한, 이것이 매일의 삶에서 우리가 깨어 있을 수 있는 길입니다.

마음의 습관을 깨부술 유일한 방법이 아마도 이것일 것입니다.

'명상을 실천한다'는 말 자체도 어폐가 있습니다. 명상이란 실천할 그 무엇이 아니기 때문입니다. 명상한다는 것은 쉰다는 것입니다. '명상을 실천한다'는 표현이 필요한 경우도 있을 수 있겠지만 그렇다고 해서 명상이 실제로 '실천'할 수 있는 것은 아님을 명심해야 합니다. 그것은 자연스러운 상태에서 있는 그대로 쉬는 것입니다. 온전히 쉬는 일입니다. 이로써 우리는 눈덩이 굴리기를 또다시 멈출 수 있습니다.

의식 속을 들여다보면 오랜 친구가 여럿 보입니다. 우리는 미움을 만납니다. "다시 만나서 반가워. 자만심 이 친구, 오랜만이야. 두려움, 어때 이 가르침을 들으니 힘 좀 나는가? 이 명상은 언제 끝나는 거야? 내가 자네를 기다리고 있어. 맛있는 음식도 준비했고. 긴장 풀어. 걱정 마, 내가 기다리고 있다니까." 자만심, 죄의식, 두려움은 우리의 오랜 친구들입니다. 그들은 모두 한 가지 단순한 문제로 돌아가는데 그것은 환상에 불과한 '나'라는 자아에 매달린다는 것입니다. 우리는 이 상상 속의 자아를 밤낮으로 데리고 다닙니다. 무슨 수를 써서라도 보호하려 애씁니다. 때때로 우리가 가고 있는 수행 길 또한 자아를 강화하는 다른 방법인지도 모릅니다. 확실히 사람들은 환상을 공고히 하는 방편으로 신이나 영생 같은 개념을 사용해 왔습니다. 하늘나라의 영생은 '나'가 결코 죽을 필요가 없다고 이야기합니다.

스스로를 내어 준다는 생각은 매우 아름다운 것입니다. 이는 진리와 바로 통하는 문입니다. 지금 당장 자아를 떨쳐 내는 강력한 행위입니다. 종종 우리는 우리 외부의 무언가에 누군가에 자신을 내어 줍니다. 자신을 내어 준다는 것은 굴복한다는 것입니다. 스승에게 엎드리는 것 곧 굴복하는 것은 진정한 굴복이 아닙니다. 이 경우 우리는 굴복하는 자가 되는데 이 굴복하는 자는 자아의 또 다른 형태이기 때문입니다. 그래서 붓다는 사람들에게, 붓다라는 개인 앞에 엎드려서는 안 된다고 이야기한 것입니다. 물론 우리는 항상 붓다의 지혜 앞에 엎드립니다. 문제는 붓다라는 개인에게 굴복하는 것은 그의 지혜에 굴복하는 것이 아니라는 점입니다. 붓다는 헌신적인 제자들을 향해 자신의 말조차 맹신해서는 안 된다고 이야기했습니다. 그 말을 진리로 받아들이기 전에 의문을 가져야 한다고 했습니다.

붓다는 스스로를 구세주라 주장하지 않았습니다. 깨달은 후에 숲을 지나던 그가 도적 떼를 만난 적이 있습니다. 도적 떼가 물었습니다. "당신은 누구요? 신이요?" 붓다가 대답했습니다. "아니오." 그들이 물었습니다. "성자요? 천인이요?" 붓다가 말했습니다. "그것도 아니오." 그러자 그들은 다시 물었습니다. "누구시오?" 붓다는 간단명료하게 대답했습니다. "나는 깨달은 자요." 그는 이원성의 꿈과 무지의 잠에서 방금 깨어났던 것입니다.

진정한 명상의 영역에서는 모든 무의식적인 습관이 알아차림의 빛 속으로 나오게 됩니다. 그래서 우리는 그것들이 얼마나 공허한 것인지 알게 됩니다. 머지않아 우리는 그것들을 내려놓을 수 있습니다. 때로는 지금 바로 이 자리에서 그것들 모두를 내려놓는다는 놀라운 가능성도 있습니다. 단지 우리 안에서 알아차림이 빛나도록 놓아두기만 하면 됩니다. 그러면 마음속의 어둠이 사라지고 신성한 본성이 드러납니다. 당연한 일이지만 우리의 참본성은 처음부터 우리가 깨어나기를 기다리고 있었습니다.

  우리의 참본성은 함께하기를 바라는 아름답고 상냥한 연인과도 같습니다. 마음을 여는 것이 두려워 우리는 이 초대를 거부하고 있었던 것입니다. 지금 이 순간에도 우리의 신성한 본성은 하나 되자며 우리를 부르고 있습니다. 참본성과 하나 된다는 것은 우리가 누구인지를 깨닫는 일입니다. 지금 당장 이 놀라운 결합을 목격할 준비가 되어 있다면 아무것도 할 필요가 없습니다. 어디에도 갈 필요가 없습니다. 그저 찾아 헤매는 일을 멈추면 됩니다. 그때 바로 이 자리에서 그 결합이 일어납니다. 이것이 가장 높은 수준의 명상입니다. 우리는 이를 '명상 없는 명상'이라 이릅니다.

12
아무것도 할 것이 없다

우리 의식 속에는 알아차림의 불이 타오른다. 이 불은 한순간에 모든 환상을
태워 없애기도 하고 환상을 하나씩 태워 없애기도 한다. 초월적 지혜와 함께할 때
우리는 두 눈을 크게 뜨고 길을 걷는 사람과 같다. 진리를 사랑한다는 것은
있는 그대로의 모습을 사랑하는 일이며 이대로 있는 것을 사랑하는 일이다.

붓다는 이상적인 인간이었습니다. 어떤 범주로도 묶을 수 없습니다. 종교를 믿는 사람이라고도 믿지 않는 사람이라고도 할 수 없습니다. 그는 인간이 만든 모든 한계를 넘어서 갔습니다. 많은 사람이 이해하고 있는 불교도라는 의미에서 볼 때 불교도조차 아니었습니다. 붓다는 스스로의 모든 정체성을 초월했습니다. 자신 안에 무한한 사랑을 실현했고 세상의 유일무이한 부라 할 수 있는 가장 높은 수준의 기쁨을 구현했습니다. 붓다는 시간을 초월한 지혜와 모든 주의를 넘어서는 보편적인 길을 가르쳤습니다. 유신론자와 무신론자의 구분에 얽매이는 한, 그의 가르침을 깨달을 길은 없습니다. 붓다의 가르침은 모든 관념을 뛰어넘은 곳에서 왔습니다. 이를 '반야바라밀다' 곧 '초월적인 지혜'라 이릅니다. 이것은 단순히 철학이나 종교의 교리가 아닌 궁극적 진리를, 크나큰 '공'을 깨닫는 방법입니다.

　이런 의미에서 반야바라밀다는 배워야 할 지식이 아닙니다. 생사, 선악, 과거 현재를 초월하는 행위입니다. 또한 초월에 대한 고찰이라기보다는 그 진리의 실현입니다. 이는 엔도르핀이 떨어지면 사라지는 황홀경이 아닙니다. 어떤 불교 전통에서는 진정한 깨달음과 일시적인 황홀경은 구별해야 한다고 강조하기도 합니다.

　이와 관련된 재미있는 이야기를 들은 적이 있습니다. 한 과격한 불교 스승이 생사의 집착을 초월하는 것에 대해 이야기했다고 합니다. 후에 이 궁극적인 가르침을 전해 들은 제자 한 사람이 자신은 이미 초월했다고 느꼈던 모양입니다. 그는 절에서 홀로 좌선하던 스승에게 가서 자신의 성취를 알렸습니다. 제자가 스승에게 생사를 초월했노라 말하는 순간, 스승이 펄쩍 뛰어오르더니 제자의 멱살을 잡고 목을 조르기 시작했습니다. 엎치락뒤치락한 끝에 제자는 간신히 스승을 떼어 내고 도망쳤습니다. 그는 절 밖에 나가 앉아 잠시 숨을 골랐습니다. 목에는 졸린 자국이 남아 있었습니다. 다른 제자가 지나가다가 이 광경을 보고는 빙긋 웃으며 말했습니다. "자네는 정말 생사를 초월한 모양이로군." 자칭 깨달았다는 제자에게 가르침을 주기 위해 스승은 이런 극단적인 방법을 썼던 것 같습니다.

　깨달음이 일어날 때 우리는 그것이 황홀경과는 다른 체험임을 절로 알 수 있습니다. 황홀경은 깨달음과 확연히 구별됩니다. 두 가지를 혼동하지 않도록 조심해야 합니다. 정신적 황홀 상태는 아름답게 보이지만 지속되는 실체가 없는 무지개와 같습니다. 교회에서 명상 센터에서 사찰에서 많은 사람이 황홀경을 체험합니다. 이는 좋은 것이기는 해도 지고한 진리는 아닙니다. 진리는 반드시 깨쳐져야 합니다. 진리가 없으면 해탈도 없기 때문입니다. 진리 없이는 우리가 하는 일이나 하려는 일 모두가 무의미한 성찰과 부질없는 노력으로 소중한 시간을 낭비하는 또 하나의 방법이 될 뿐입니다.

그런데 지고한 진리란 무엇입니까? 그것을 누가 압니까? 지고한 진리가 숨겨진 황금 상자의 열쇠를 가지고 있는 이는 누구입니까? 사실 지고한 진리를 표현할 어떤 단어도 개념도 완벽한 언어도 없습니다. 황홀경은 하찮은 것에 우리를 머물게 하려는 자아의 방편에 지나지 않습니다. 물론 우리가 항상 진리를 깨닫는 황금의 그날을 미루려 들기는 합니다. 이 황금 같은 기회를 미루는 방법은 무척 많으며 특히 자아는 이런 일에 능합니다. 자아의 주된 임무가 미루는 것입니다. 이러한 자아의 꿈지럭거림은 우리가 아름다운 망상에 넋을 잃고 있을 때 가장 좋아라 할 것입니다.

수행 길에 들어설 때에는 신중해야 합니다. 이미 가지고 있는 망상 위에 또 다른 망상을 올려놓는 것이 아님을 확신해야 합니다. 우리의 의식 속을 들여다보면 헤아릴 수 없이 많은 망상을 보게 됩니다. 모든 것은 환상입니다. 특히 이 '나'라는 개념이 환상입니다. 우리 인생의 이야기도 환상입니다. 출생이나 인간관계 역시 환상입니다. 모두 영화와 같은 것입니다. 뇌에 어떤 일이 생기면 대부분 바로 잊힐 것들입니다. 궁극적인 의미에서 그런 이야기는 진짜로 존재하는 것이 아닙니다. 환상일 뿐입니다. 정신적 수행의 세계에 들어설 때 새로운 환상을 쌓게 되는 함정에 빠지지 않도록 주의를 기울여야 합니다. 수행의 길에는 몹시 그럴듯한 환상이 있습니다. 환상들을 칭송하는 것은 흥미로운 일이 될 수도 있지만 문제는 머지않아 이것들이 스러진다는 것입니다. 그것은 시간문제입니다. 환상이 스러질 때는 실망, 낙담, 비통함이 뒤따릅니다. 그러므로 바로 지금 환상을 찬양하고 추구하고 집착하는 오랜 습관의 반복을 멈추어야 합니다.

하나의 환상에 문제가 생기면 우리는 그것에 환멸을 느끼고 촉각을 곤두세운 채 또 다른 환상을 찾아 헤맵니다. 이때 우리는 이전의 환상을 연상시키지 않고 실망도 주지 않을 환상을 찾습니다. 무언가 새로운 것, 무언가 색다른 것, 무언가 나은 것을 찾아다닙니다. 바라는 환상을 찾지 못하면 그 사실에 야단법석 떨며 과장합니다. 다른 사람들에게 자신이 정신적 위기에 빠졌다고 이야기합니다. 영혼의 캄캄한 밤을 지나가고 있다고 말합니다. 딛고 선 땅이 흔들리고 있다고 느낍니다. 우리는 어둠 속에 공 속에 있기를 좋아하지 않습니다. 대신에 이른바 '심리적 안마'를 해 주는, 안락함을 안겨 주는 환상을 찾고 싶어 합니다. 이내 우리는 미래의 약속으로 충만한 또 다른 환상을 찾아냅니다.

인생에 대해 하소연하는 분위기가 조성될 때 우리는 흔히 이

구구절절한 서사시, 우리가 살아온 여정 이야기를 늘어놓기 시작합니다. 잇단 불행, 시련, 고생한 이야기는 빠지지 않습니다. 안 좋은 집안에 태어났다느니 부모를 잘못 만났다느니 상황이 안 풀렸다느니 하는 식으로 시작하는 경우도 있습니다. 자아의 여행은 끝도 없이 펼쳐집니다. 그런데 그것은 모두 환상입니다. 결코 일어난 적 없는 이야기들을 자아가 만들어 내고 있을 따름입니다. 입만 열면 온통 불평인 사람과 마주 앉아 본 적이 있습니까? 그런 사람은 자신이 얼마나 비참한지 얼마나 힘들게 살아가고 있는지 호소합니다. 그 서글픈 이야기를 듣던 중에 불현듯, 말하는 이가 실은 잠들어서 악몽을 꾸고 있는 것은 아닌가 하는 생각이 든 적은 없습니까? 그가 말하는 것 어느 하나도 실제로 일어나지 않았습니다. 이런 관점을 자신에게 적용하면 모든 것이 환상임을 알게 됩니다. 그로써 우리는 진정으로 홀가분해집니다. 이 깨달음은 매우 강력합니다. 붓다의 길을 따르는 한, 모든 수행과 규율은 '녹여 없애는 일'에 관한 것입니다. 그것은 태우고 부숴 버리는 아름다운 길입니다.

역사상 수많은 전쟁이 완벽하려는 환상이나 이상 사회를 건설하려는 환상을 떠받드는 일에서 시작되었습니다. 역사적으로 이는 수없이 되풀이되어 왔습니다. 완벽의 환상을 떠받드는 성향 때문에 수백만 명이 목숨을 잃었습니다. 우리는 언제나 잊지 말고 냉철한 지성을 견지해 이미 가지고 있는 환상에 새로운 것을 보태는 일이 없어야 합니다. 이미 가진 환상만으로도 충분합니다. 새로운 환상은 필요 없습니다. 물론 좀 더 새롭고 신성한 환상을 사들일 수야 있겠지만 환상은 그저 환상입니다. 우리를 깨어나지 못하게 만드는 것입니다.

인종적 순수성을 지켜야 한다거나 어떤 대가를 치르더라도 이상 세계를 건설해야만 한다는 집단적 환상을 떠받들다가 수백만 명이 목숨을 잃었습니다. 이런 환상들은 무지에 기반을 두고 있습니다. 종교 갈등 때문에 셀 수 없이 많은 전쟁이 일어났고 종파 분쟁 역시 오늘날까지 계속되고 있습니다. 어떤 전통도 여기서 자유로울 수 없습니다. 우리는 우리의 환상을 방어할 뿐만 아니라 거기에 도전하는 누구에게든 기꺼이 공격할 준비가 되어 있습니다.

서구 세계의 많은 사람이 동양의 환상에 심취합니다. 이미 자신들의 환상이 스러지는 것을 보았기 때문입니다. 이제 그들은 동양의 환상을 구매하러 돌아다닙니다. 이와 관련된 골칫거리나 나쁜 기억이 아직까지는 없으니 이 새로운 환상은 잠시 동안은 효과가 있을 것입니다. 그러나 결국에는 모든 환상을 없애야 합니다. 미국적 환상, 동양적 환상, 유럽적 환상 그리고 마침내는 우리 자신의 환상마저도. 그렇다면 우리의 주된 환상은 무엇입니까? 자신이 실재라는 환상입니다. 우리가 실제로 존재한다는 환상입니다. 이 마지막 환상이야말로 우리가 매달리고 싶어 하는 환상입니다.

환상이 해체되는 과정에서 거쳐야만 하는 단계들이 있습니다.

특히 첫 단계는 고통스러울 수 있습니다. 집착의 대상을 잃는 것은 고통스러운 일이므로 이 단계는 쓰라리기도 할 것입니다. 무엇이든 잃는다는 것은 괴로운 일입니다. 서류를 정리하면서 또 빨래를 하면서 자신이 완전히 닳아 쓸모없어진 것들을 그러모으고 사는 것을 발견한 적이 있지 않습니까? 오래된 명세서, 사진들, 입을 수 없을 만큼 해진 티셔츠는 무용지물이 되었지만 거기 담긴 소중한 추억 때문에 버리겠다는 결단을 내려야 할 때는 괴롭습니다. 한창 연애하던 무렵 그 티셔츠를 입었다든가 로또에 당첨되었을 때 그것을 입었다든가 멋진 장소에 갔을 때 처음으로 입었다든가 하는 이유로 인해 환상을 없애는 것은 매우 힘든 일이 될 수 있습니다.

의식 속을 들여다볼 때 우리는 헤아릴 수 없이 많은 환상을 보게 됩니다. 받아들이기 힘들겠지만 우리가 실재라고 믿는 것은 실제로 모두 환상입니다. 모든 것이 환상이라는 반야바라밀다의 진실한 가르침을 열린 마음으로 듣고 있노라면 고통스럽습니다. 그렇다 하더라도 반드시 여기에 귀 기울여야 합니다. 하지만 반야바라밀다의 글귀나 관련된 지식을 떠받드는 순간, 그것은 도그마가 됩니다. 물론 글귀나 이론 그리고 그 밖의 것들이 도구로서 다루어진다면 깨달음의 실마리가 될 수는 있습니다. 그것은 '반야바라밀다' 곧 '초월적인 지혜' 자체가 아닙니다. 한 위대한 불교 스승이 말했듯이 "'선 없는' 선만이 진정한 선"인 것입니다. 마찬가지로 진정한 초월적 지혜란 없습니다. 그럼에도 초월적 지혜는 있습니다. 우리는 괴롭습니다. 진정한 초월적 지혜는 없지만 있다는 말은 역설적으로 들리니 우리는 혼란스럽습니다.

도그마는 많은 수행 전통에서 가장 큰 방해물로 여겨집니다. 그것은 결코 틀림 없는 지혜로 위장되지만 실제로는 하나 됨의 참된 실현을 늦추고자 자아가 만들어 낸 것에 불과합니다. 정신적 가르침들이 도그마에 바탕을 두고 있는 한, 미신으로 가득 찬 죽은 지혜일 뿐입니다. 우리에게 도움이 되지 않을 뿐더러 한층 더한 이원론으로 우리를 구속합니다. 그것들은 기괴하고 부조리한 권위에나 도움이 됩니다. 유명한 불교 스승인 나로파가 당대의 가장 권위 있는 사원이었던 날란다를 뛰쳐나온 것도 이러한 이유에서였을 것입니다. 그는 어부 틸로파를 만났고 틸로파는 말해 주었습니다. 불교 경전을 읽고 주문을 외는 것만으로는 진리를 체득할 수 없다고.

초월적 지혜란 무엇입니까? 우리는 초월적 지혜를 여러 다른 이름으로 부를 수 있습니다. 부르고 싶은 대로 부르면 됩니다. 그것은 지금 바로 이 순간에 모든 환상을 깨부수는 직접적이고 찰나적인 과정입니다. 고통이라는 환상, 슬픔이라는 환상, 미움이라는 환상을 깨는 것입니다. 자아라는 환상도 깨는 것입니다. 우리 의식 속에는 무엇이든 가차 없이 태워 버리는 알아차림의 불이 타오르고 있습니다. 그것은 한순간에 모든 것을 태워 없애기도 하고 환상을 하나씩 태워 없애기도 합니다. 이 태워 버리는 과정이 초월적 지혜입니다. 물론 이를 '초월적 지혜'라 부를 수 있지만 이름을 붙이지 않아도 좋습니다. 그것은 개념화가 아니라 진정한 알아차림입니다. 한순간에 일어나는 것입니다. 직접적인 체험입니다. 모든 것의 상실 즉 우리가 애지중지하던 모든 관념과 개념의 상실을 실현하는 것이며 아무런 저항 없이 가능한 일이기도 합니다. 이는 모든 것을 잃는 괴로운 길이 아니라 아름다운 길입니다.

때로 모든 것을 잃는 것은 좋은 일입니다. 죄수복을 벗어 던지고 여러 생에 걸쳐 우리를 가두어 온 모든 것에서 해방되는 것은 좋은 일입니다. 자아라는 환상을 비롯해 우리가 아끼던 모든 환상을 잃는 것은 정말이지 홀가분한 일입니다. 그것이 초월적 지혜입니다. 우리는 초월적 지혜를 찾으러 어디에도 갈 필요가 없습니다. 모든 환상이 산산이 부서지도록 놓아두는 순간 초월적 지혜 혹은 다른 어떤 이름으로 불릴 그것은 의식 속에 드러나기 시작합니다. 참된 초월적 지혜란 해체입니다. 참된 초월적 지혜는 알아차림입니다.

'초월적 지혜'라는 이 아름다운 표현은 진정 무엇을 의미합니까? 모든 것을 초월한다는 것입니다. 초월적 지혜는 우리에게 모든 것을 해체하거나 초월하라고 간절히 청합니다. 초월적 지혜를 실현한다는 것은 환상과 개념 전부를 해체하는 일입니다. 그것은 '모든 붓다의 어머니'라 불립니다. 과거 현재 미래의 모든 붓다가 초월적 지혜의 참뜻을 깨침으로써 깨달았기 때문입니다.

초월적 지혜는 단순합니다. 우리가 쓰는 표현을 빌리자면 아무것도 할 것이 없기 때문입니다. 이 길의 아름다움이 바로 그것입니다. 정말로 아무것도 할 필요가 없습니다. 그렇지만 가장 단순한 일이 때로는 가장 어려운 일이 될 수도 있습니다. 실제로 아무것도 하지 않기란 매우 어렵습니다. 아무것도 하지 않는다는 것이 행복한 식물처럼 한자리에 가만 앉아 있다는 뜻은 아닙니다. 그렇게 해석하면 잘못된 것입니다. 아무것도 하지 않는다는 것은 모든 정신적 노력, 특히 '나'라는 환상과, 나와 너의 구분에 대한 환상을 유지하기 위해 우리가 기울이는 정신적 노력을 그만둔다는 뜻입니다. 이 노력을 단념할 때 돌연 모든 환상이 사라집니다. 우리는 진정 아무것도 할 필요가 없습니다. 오직 멈출 뿐입니다. 환상에 매달리고 환상을 영속시키는 일을 멈추기만 하면 됩니다. 환상에는 자생력이 없습니다. 환상은 매 순간 해체될 준비가 되어 있습니다. 이는 시간문제일 뿐입니다. 더 이상 환상을 유지하지 않겠다고 온 마음으로 결심하면 환상은 무너집니다.

잠깐 동안 두 눈을 감고 마음에 집중하면 열심히 일하는 누군가를 볼 수 있습니다. 그들의 주된 업무는 허상을 지탱하려는 단 하나의 목적으로 관념, 개념, 과거 현재 미래의 줄거리를 만들어 내는 것입니다. 온종일 바삐 일하는 이들을 '자아'라 부릅니다. '나는 착해.' '나는 나쁜 사람이야.' '나에게는 돈이 없어.' '누가 내게 상처를 주었으니 나는 그 사람에게 복수하겠어.' '내게는 영혼의 동반자가 없어.' '나는 너무 늙었어.' '나는 너무 어려.' 이 모든 것은 자아가 지어내는 개념입니다. 마음 바깥에서 대단한 스승에게서 색다른 수행법으로 깨달음을 얻으려 애쓰는 일 또한 환상입니다. 이것들은 자아가 허깨비 같은 실상을 지탱하기 위해 이용하는 또 다른 방법에 지나지 않습니다.

그러나 더 이상 환상을 지탱하지 않겠다고 온 마음으로 결심하면 이 모든 것은 무너져 내립니다. 있지도 않은 실상을 지탱하고자 이야기를 계속해서 지어내는 일에는 많은 에너지가 소모됩니다. 문득 우리가 개념과 관념 지어내기를 멈출 때, 허깨비 같은 실상에 먹이 주는 일을 멈출 때, 자아와 어울리기를 멈출 때, 모든 것이 무너져 내리기란 매우 간단한 일입니다. 자아와 어울리기를 멈추는 것은 간단합니다. 그렇지만 초월적 지혜에 12단계 프로그램은 없습니다. 오직 한 단계 프로그램만이 있으며 그 프로그램이란 자아와 어울리지 않는 것입니다. 우리가 자아와 어울리기를 멈추는 순간 자아 역시 바로 그 자리에서 활동을 중지합니다. 그와 동시에 우리는 진리와 사랑에 빠지는 것입니다.

진리를 사랑하려면 미쳐야 합니다. 이는 아름다운 사랑입니다. 진리를 사랑한다고 할 때 그것은 참사랑입니다. 하지만 마음의 나머지 부분에게 이 사랑은 별 의미가 없습니다. 가슴을 열고 진리를 사랑하는 것은 도전적인 일입니다. 우리가 매달릴 수 있는 마음속 이미지 같은 것은 없습니다. 실존도 아니고 비실존도 아닙니다. 모든 것을 뛰어넘습니다. 그 어떤 꼬리표도 뛰어넘습니다. 그래서 붓다는 '있는 그대로'란 말로 지고한 진리를 표현한 것입니다. 진리를 사랑한다는 것은 있는 그대로의 모습을 사랑하는 것이며 이대로 있는 것을 사랑하는 일입니다. '있는 그대로' 혹은 '공'은 마음속 이미지를 넘어서 갑니다. 그러므로 우리는 조금, 때로는 많이 미쳐야만 있는 그대로를 사랑할 수 있습니다. 미쳐야만 공을 사랑할 수 있습니다. 자아의 계획에 의하면 '있는 그대로'나 '공'을 사랑하는 것은 정신 나간 짓이기 때문입니다. 우리에게 주어지는 것이 아무것도 없기에 공을 사랑하는 것은 완전히 비합리적인 일입니다. 공은 우리에게 아무것도 주지 않습니다. 그저 있는 그대로일 뿐이며 이대로 있는 것일 뿐입니다.

인간이 체험할 수 있는 가장 아름다운 사랑이 진리와의 사랑입니다. 힘들지만 해 볼 만한 일입니다. 이보다는 개념이나 마음속 이미지와 사랑에 빠지는 일이 훨씬 쉬울 것입니다. 진리와의 사랑은 초월적 지혜의 불입니다. 모든 개념, 믿음, 주의를 태워 버릴 수 있습니다. 이 불은 의식에서 모든 것을 쓸어 내고 '영원한 것'만을 남겨 놓습니다. 이 사랑은 스승에게 품는 사랑처럼 감정적 집착이 아닙니다. 사물들을 있는 그대로 보는 지혜입니다. 그 지혜와 함께할 때 우리는 두 눈을 크게 뜨고 길을 걷는 사람과 같습니다.

일단 우리가 가야 할 길에 초월적 지혜를 들였다면 이제 선택은 오직 하나, 우리의 환상 모두를 버리는 길뿐입니다. 그 과정을 거치는 것은 괴로운 일이 아닙니다. 그렇게 했을 때 잃는 것은 고작해야 괴로운 삶뿐임을 이제는 알기 때문입니다. 우리는 형언할 길 없는 내면의 행복을 발견합니다. 마음과 가슴이 무한한 연민과 예리한 지성의 영역에서 합쳐집니다. 우리는 있는 그대로의 모습으로 날마다 재미있게 이 세상을 살아갈 수 있습니다. 우리는 하늘만큼 광활해질 것입니다. 아무것도 우리를 속박하지 못합니다. 크나큰 진리 곧 더없는 완전의 자리를 깨닫지 못하도록 방해하는 온갖 믿음의 죄수복을 벗어 버렸기 때문입니다.

엮은이의 말

아남 툽텐 린포체('린포체'는 '소중한 분'이라는 의미로 환생한 고승을 가리키는 티베트 불교의 경칭)가 샌프란시스코 베이 에어리어로 돌아온 직후에 저는 그분을 만났습니다. 당시 학생들은 토요일 아침마다 그분의 거실에 초대받아 잠시 명상 수행을 한 뒤 함께 이야기를 나누곤 했습니다. 그분의 이야기는 항상 대단하고 놀라웠으며 마음 수행의 길을 걸어온 린포체의 개인적 체험에서 우러난, 본질적 진실에 관한 것이었습니다. 깊은 사색의 층을 뚫고 들어가 신성불가침의 진리로 여겨지는 모든 고정관념과 믿음을 벗겨 내고 도전하는 이야기들이었습니다. 아남 툽텐 린포체는 사물의 핵심을 겨냥합니다. 불교에 문외한이거나 불교를 믿지 않는 서양 사상가도 알아들을 수 있는 단순한 표현으로 핵심을 명료하게 드러냅니다. 처음에는 학생들 위주였던 이 모임이 커져서 마침내 린포체의 거실은 사람들로 꽉 차게 되었습니다. 때로는 사람들이

방 바깥쪽 베란다에까지 앉기도 했습니다.

　이후 여러 후원자들의 후의로 캘리포니아 주의 포인트 리치먼드라는 아담한 소도시에 유서 깊은 작은 교회 건물 한 채를 구입할 수 있었고, 이 책은 버클리와 포인트 리치먼드에서 그분과 나눈 대화를 토대로 쓰였습니다. 이 책에서는 인간 조건에 대한 린포체의 심오한 지식과 통찰력이 그대로 드러납니다. 그분은 명확하면서도 유머를 섞어 곧이곧대로 말하며 자신이 걸어온 수행의 길을 허심탄회하게 가식 없이 나눕니다.

　진정한 지혜와 공감의 심오한 메시지를 말과 행동으로 표현하는 일에 일생을 바친 이 진솔하고 소박하며 신심 가득한 수행자의 가르침을 좀 더 많은 이들에게 소개하고 함께 공부하는 것이 저에게는 큰 영광이며 기쁨입니다.

샤론 로

*이 책은 아남 툽텐 린포체의 법문을 샤론 로가 받아 정리한 것이다.

옮긴이의 말

열여섯 살에 문득 다가온 아득한 체험이 있다. 태어나서 겪은 어떤 일과도 다른 것이었다. 하굣길 버스에서 불현듯 그 어떤 계기조차 없이 느꼈던 '아, 바깥에 무엇이 있는가. 아무것도 없구나!'라는 아득한 기분. 시끄러운 버스 안에서 앞에 보이는 저것이 저기 정말 존재한다고 저 소리가 실제로 나는 소리라고 어떻게 증명할 수 있는가 하는 의문. 이를 풀 방법은 없었다. 어린 깜냥으로는 그 아득한 허공과 '무' 체험을 감당할 길이 없었다. 다만 그때 "'나'라고 할 것이 없으면 대체 무얼 붙들고 살지?" 하는 당황스러운 질문으로 며칠을 헤매다 겨우 세운 결론이 '이 내가 '나'일 동안만 최선을 다하자.'는 것이었다. 간신히 그 '나'를 다시 잡아 붙들고 '내' 눈에 보이는 것, '내' 귀에 들리는 것, '내' 코에 냄새 맡아지는 것, 이런 것을 실재로 알고 살아가야 한다고 생각을 다잡았다. 이 책 저자의 표현을 빌리자면 "조건들이 환상이 되는 것을 막기 위해 현실을 장악하고자 매 순간 고군분투"한 결과, 그 절박한 며칠의 체험은 유야무야되었고 한참 후에야 어떤 계기와 인연으로 붓다의 가르침에 귀의하고도 또 많은 세월이 지났다.

그동안 번역한 책들 가운데 불교 서적도 있었지만 수행의 핵심을 죽비 소리처럼 단번에 명료하게 짚어 주는 책은 〈티베트 스님의 노 프라블럼〉(원제는 'No self, no problem')이 처음이다. 이 책은 독자를 불교도로 만들기 위한 것이 아니다. 끊임없이 '나'에 붙들려 고통 받는 삶, 그 고해의 무상함을 꿰뚫어 보고 극복하는 방법은 '무아'를 통찰해 '아'를 녹이는 것뿐임을 쉬운 말로 일러 주는 책이다.

아남 툽텐 린포체는 명상을 '쉬고 긴장을 푸는 기술'이라고 정의한다. "쉬고 또 쉬면 쇠나무에도 꽃이 핀다."라는 구절처럼 쉬는 것은 자아를 놓는 참선 명상의 첫걸음이고, 쉰다 함은 어떤 것도 붙들려 애쓰지 않는 깊은 이완 상태를 말한다. 항상 무엇인가를 하려 하고 끝없이 발버둥 치면서 현실을 통제하려 하는 '마음'을 어떻게 하면 완전히 평화롭고 긴장 없는 상태에 머물게 할 것인가. 여기서도 또 실패하면 어떻게 할 것인가. 툽텐 린포체는 말한다. "자신의 참본성과 하나 된 상태를 상실하는 것이 실패입니다. 그 이상의 실패란 없습니다. 우리는 처음부터 이미 실패한 상태였는데 또 실패한들 무슨 상관입니까."라고. 실패가 없다는데 못 해 볼 것이 무엇인가.

이 책이 불교도에게는 경전과 법문에서 배운 핵심을 되새겨 명상 수행을 삶에서 체화할 수 있게 하고 불교도가 아닌 이에게는 번잡한 나날의 스트레스에서 벗어나 평화를 찾게 하는 길잡이가 되었으면 한다.

하루의 생활을 따라가며 남을 바라보듯이 자신의 생각과 말과 행위를 지켜보면 깨닫게 된다. 지금 여기에 충만히 머물기보다는 과거나 미래에 붙잡히기 일쑤인 것이 마음임을. 그래서 린포체는 "그저 앉는 것만으로도 충분하다."고 말한다. "찾는 일을 멈추라."고. 세속 일에서 하듯이 탐색하고 애를 쓰는 수행은 자아의 또 다른 각본이며 망상을 지탱하고 부추기는 것이 될 뿐이라고. "명상 수행의 유일한 목적은 지금 이 자리에서 깨어나 완전한 열반에 이르는 것입니다. 명상은 기적처럼 우리를 그쪽으로 이끄는 직통 문입니다." '알아차림' 상태를 유지하는 것. 그분은 매 순간 개념을 제거하고 한계 짓는 개념이 떠오르면 바로 초월하라고 조언한다. 우리는 제대로 된 것만 찾아내면 마침내 행복하게 살 수 있을 것이라고 희망을 품는다. 그런 헛된 꿈을 좇고 있다면 매 순간 충실히 사는 것이 아니라 그렇게 살 준비만 하고 있는 것이다. 끝없이 찾기만 하는 삶은 순간순간이 낭비이며 이것은 죽는 순간까지 계속된다.

"자아라는 환상을 쌓아 올리고 유지하려 애를 쓰면 괴롭습니다. 불안과 광기를 느끼게 됩니다. 이미 산산조각으로 흩어지고 있는 무언가를 붙잡으려 하는 것이기 때문입니다. 자아는 이미 흩어지고 있으며 고통도 이미 흩어지고 있습니다. 하루 24시간 내내 힘겹게 윤회를 유지하려 애쓰면서도 늘 이에 대해 불평하는 그는 누구입니까? 그 사람이 대체 누구입니까?"

그 사람이 누구인가? 간화선의 '이뭣고' 화두도 결국 이것이다. 소녀 시절 내가 그토록 아득해하고 쩔쩔맸던 것도 바로 이를 몰라 그러했던 것이고 위빠싸나나 다른 여러 수행도 마찬가지다. 나의 행동 하나하나에서 '그 사람이 누구인지'를 지켜보면 '그 사람'은 사라진다.

열반은 다른 게 아니라 태어나 보면 내가 있고 또 태어나 보면 내가 있는 그 '굴레' 자체가 없어진다는 것이다. '아, 굴레가 없어졌구나.' 하고 인식하는 그 '나'가 없다는 것이다. 그 경지를 자아로 가득 찬 지금의 '나'의 머리로 알음알이로 굴리기 때문에 열여섯 살의 내가 그랬듯 아득하고 허무적으로 느끼게 되는 것이다. 붓다의 가르침은 허무주의가 아니다. "열반은 꽃이 만발한 어떤 천국(낙원)이 아닙니다. 악몽을 꾸다 문득 깨어나는 것이 열반이라 생각하면 됩니다."라고 툽텐 린포체도 쓰고 있다. '나' 없음의 경지를 온전한 쉼으로써 우리가 체득하기를 바라며 괴로운 수레바퀴 세상에서 '나 없음'의 이치를 이 책을 통해 훌륭하게 짚어 주는 아남 툽텐 린포체에게 감사한다.

작업을 마치고 '옮긴이'라는 아상도 내려놓으며 책 속의 이 구절을 음미해 본다.

"진리와 공과 협상할 방도는 없습니다. 진리라 부르든 공이라 부르든 그 안에 녹아 하나 되는 것만이 유일한 방법입니다."

자유롭게 흐르는 강물에 몸을 담그고 있으면서도 갈증을 느끼는 우리. 도처에 넘실대는 그 강물을 떠 마시면 안 될 이유가 무엇이겠는가. 함께 아남 툽텐 린포체가 맛보이는 진리의 넥타르를 이론으로가 아니라 직접 마셔 볼 수 있기를 바란다.

2012년 경칩, 깨어나는 날
임희근

임희근

서울대학교 불어불문학과를 졸업하고 프랑스 파리제3대학교에서 불문학 석사와 박사과정을 수료했다. 여러 출판사에서 해외 도서 기획 및 저작권 분야를 맡아 일했고, 출판 기획·번역 네트워크 '사이에'를 만들어 활동하고 있다. 옮긴 책으로 〈달라이 라마, 나는 미소를 전합니다〉〈행복을 위한 마음 사용법〉〈분노하라〉〈파라다이스〉〈고리오 영감〉〈인내의 돌〉〈차문디 언덕을 오르며〉외 다수가 있다.

티베트 스님의 노 프라블럼

1판 1쇄 인쇄 2012년 4월 25일
1판 1쇄 발행 2012년 4월 30일
—
지은이 | 아남 툽텐
옮긴이 | 임희근
—
발행처 | 문학의숲
발행인 | 고세규
—
신고번호 | 제300-2005-176호
신고일자 | 2005년 10월 14일
—
주소 | (121-896) 서울시 마포구 동교로13길 34(서교동 474-13)
전화 | 02-325-5676
팩스 | 02-333-5980
—
값은 표지에 있습니다.
ISBN 978-89-93838-20-6   03840